(이달의 심리학)

이달의 심리학
── 일 년, 열두 달 마음의 달력

초판 1쇄 발행   2025년 5월 20일

지은이   신고은
펴낸이   조미현

책임편집   박이랑
디자인   나윤영
일러스트   마키토이
마케팅   이예원, 공태희
제작   이현

펴낸곳   (주)현암사
등록   1951년 12월 24일 (제10-126호)
주소   04029 서울시 마포구 동교로12안길 35
전화   02-365-5051   팩스   02-313-2729
전자우편   editor@hyeonamsa.com
홈페이지   www.hyeonamsa.com

ISBN 978-89-323-2429-6 03180

책값은 뒤표지에 있습니다. 잘못된 책은 바꾸어 드립니다.

이 달의 심리학

(일 년, 열두 달 마음의 달력)

신고은 지음

📗 현암사

들어가는 말

시간은 우리를 가르친다

슬픔은 모래시계 같아요.

감정 글쓰기 시간에 한 청년이 말을 꺼냈다. 나는 뜻을 가늠하지 못하고 그를 바라봤다. 청년은 만지작거리던 그림 카드를 내가 잘 보이도록 돌려 들었다. 카드에는 모래시계 속에 갇혀 쏟아지는 모래를 고스란히 견디는 여자가 있었다. 청년은 말을 이어나갔다. 결국 시계 안에 모래는 멈추잖아요. 그런데 그 안에 있으면 모래가 얼마나 남았는지 알 수 없거든요. 끝을 예상할 수 없으니 하염없이 괴로운 거죠. 만약 2분만 있으면 멈춘다, 5분만 견디면 끝난다, 누군가 말해준다면 버틸 수 있지 않을까요? 그러니까 슬픔이란 안에 있는 사람에겐 비극처럼 보이지만, 결국 끝이 있는 감정이에요.

슬픔에 갇힌 사람에게 끝은 미지하다. 그러나 다행히도 슬픔은 일시적이다. 영원할 것 같아도 종결되고, 최악으로 치달을 것 같아도 나아진다. 흉터를 남길 수 있지만, 통증은 영원하지 않다.

물론, 시간이 모든 문제의 해결사는 아니다. 시곗바늘이 몇 바퀴 돌 동안 가만히 앉아 있는다고 마법처럼 문제가 사라지진 않으니까. 쏟아지는 모래를 가만히 견디기보다, 눈에 들어가지 않도록 손으로 가리고, 상처가 나지 않도록 피하고, 다리를 파묻은 모래를 퍼내기도 해야 한다. 넘어지면 털고 일어나야 하고, 그러다가 무언가를 잃어버리면 되찾기 위해 손을 더듬거려야 한다.

우리는 순간을 살아야 한다. 아니, 살아내야 한다. 그렇게 애쓰는 시간을 보내는 동안 야무지게 자란다. 강인하게 버티고 능숙하게 해결하는 힘이 생긴다. 그러니까 시간이 해결해준다는 건, 시간이 흘러 단단한 마음을 가지게 된 내가 열쇠를 손에 쥔다는 뜻이다.

감정의 문제, 관계의 문제, 선택의 문제, 성장의 문제, 그리고 나 자신의 문제. 우리는 끊임없이 주어지는 문제에 해답을 찾으며 성장한다. 인생의 반절을 심리학과 함께 살아온 나는 매 순간 삶에 대해 고민한다. 그리고 그 고민을 학자들이 발견해놓은 지혜로 해석하고 이해하며 답을 찾는다.

쳇바퀴 같은 매일은 알고 보면 항상 다른 날이다. 오늘 본 나무는 어제 그 나무와 다르고, 오늘 만난 사람은 어제와 달라져 있다. 매일 아침은 반복되는 하루의 시작이 아니다. 우리에겐 날마다 다른 문제 혹은 도전거리가 주어진다. 그날그날 생경한 질문을 받게 된다.

흥미로운 것은 시기마다 유독 반복되며 찾아오는 문제가 있다는 것이다. 나는 일 년을 좇으며 때마다 생기는 문제를 발견하고 답을 내리는 작업을 시작했다. 새해에는 왜 목표를 세우는가, 만우절에 왜 거짓말을 하는가, 명절에 우린 왜 다투는가, 여름엔 왜 이렇게 짜증이 나는가, 한 해가 끝날 무렵에 왜 허무해지는가, 와 같은 문제들.

시간은 공평하게 흐른다. 우리는 모두 따뜻한 봄을 맞이하고, 더운 여름을 지나, 쓸쓸한 가을을 건너, 차가운 겨울로 향할 것이다. 구정과 신정, 추석에 모여 서로를 반가워하다 얼굴을 붉히기도 할 것이다. 특별한 날 마음을 고백하고, 생일과 기념일을 축하하고, 이별을 받아들여야 할 것이다. 셀 수 없이 많은 시작을 설레게 맞이하고, 숱한 마무리를 아쉬워할 것이다. 어떤 날은 힘들고 어떤 날은 기쁘고 어떤 날은 아쉬울 것이다. 우리는 그런 계절을 지나며 변하고 성장할 것이다.

이 책은 나의 일 년, 열두 달을 좇으며 순간을 살아가는 마음에 관한 이야기를 담았다. 어떤 고민은 심리학 이론으로, 어떤 결정은 실험 결과로, 어떤 궁금증은 내가 내린 사유의 결론으로. 그렇게 정답에 가까워진 나의 일 년이 당신의 성장과도 닮아 있을 것이라 생각한다.

다람쥐는 매해 가을이 되면 식량을 비축하려고 여기저기 도토리를 숨긴다고 한다. 그중에 일부는 찾지 못하는 바람에 땅속에서 잊히게 된다. 이 일은 다람쥐에게도 도토리에게도 결코 비극이 아니다. 겨우내 묻혀 있던 도토리는 땅에 뿌리를 내리고 나무가 되어 숲을 이룬다. 숲은 다시 다람쥐에게 소중한 양식을 내어줄 것이다.

우리는 일 년 동안 도토리를 줍듯 심리학이 주는 지혜를 모을 것이다. 3월의 도토리, 4월, 5월, 6월의 도토리… 다시 2월의 도토리까지. 어떤 지식은 명료하게 기억에 남겠지만, 많은 깨달음은 잊힌다. 그러나 결코 사라지는 것은 아니다. 마음 한편에 묻힌 지혜는 뿌리를 내리고 단단한 열매를 맺어 우리의 마음을 지탱할 것이다.

이 책을 읽는 내내 이런 일이 일어나길 희망한다. 당신을 멈춰 세우는 한 문장이 인생의 기억으로 들어가는 스위치를 톡 하고 켜주길. 시간 가는 줄 모르고 책장을 후루룩 넘기는 책이 되기보다는, 책을 잠시 덮고 자신의 삶으로 깊숙이 탐험을 떠나게 하는 책이 되길. 그래서 원래 존재했으나, 아직 가닿지 못한 내면의 열쇠와 조우하는 순간이 잦아지길.

무엇보다 지금을 더 꼼꼼히 들여다보는 시간이 길어지길 바란다. 당신의 일 년이 느리게 흘러가길 기대한다. 꼭 먹고 싶었던 삼각김밥이 딱 한 개 남은 것을 발견하고, 잠에 취해 방귀를 크게 뀌고 놀라 벌떡 일어난 강아지를 보고, 기가 막히게 맞아떨어진 환승 타이밍에 평소보다 30분 일찍 집에 돌아오게 되는 것 같이, 다이아몬드처럼 빛나는 순간은 아니어도 길가의 들꽃처럼 더 넓게 펼쳐진 행복이 선물처럼 곁으로 올 때 그것을 만끽하길.

우리의 나날들에는 극복할 순간만 나열되어 있지 않다. 복잡하고 풍부한 순간이 지루할 틈 없이 우리와 함께한다. 오늘을 오롯이 살기 시작하면 특별한 날이 찾아온다. 아니, 찾아오는 건 아니다. 늘 있었던 순간을 드디어 알게 되는 것이다. 그 순간들은 우리가 성장할 수 있도록 가르침을 남긴다.

우리는 느리지만 조금씩 나아지는 사람이다. 변화 과정을 느끼지는 못한다. 어느 날 키가 훌쩍 큰 것에 깜짝 놀라는 아이처럼 그냥 어느 날 갑자기 많이 컸다, 하고 깨닫게 된다. 하지만 모든 순간을 집중하여 들여다보면 알게 된다. 매일 조금씩 자라고 있다는 것을. 하루하루 작은 변화가 모여 지금의 나를 만든다는 것을. 시간은 선생이 되어 매 순간 가르침을 준다. 우리는 시간의 성실한 학생이 되면 그만이다.

자, 지금부터 나의 선생님을 당신에게 소개하려 한다. 그의 이름은 열두 달이라는 시간. 큰 박수로 환영해주시길.

차 례

들어가는 말 시간은 우리를 가르친다   4

3 … 월 … 싹이 나는 달

비움으로 완성되는 시작	16
일단 시작하면, 시작된다	26
시작하는 이들의 관계 규칙	34

3월의 마음사전 42   3월의 할일 43

4 … 월 … 자신과 대화하는 달

진실을 숨기는 몇 가지 방식	46
운이 좋다고 믿는 사람	56
벚꽃을 사랑하는 이유	62

4월의 마음사전 72   4월의 할일 73

5 … 월 … 가벼워지는 달

있는 그대로의 나를 받아들이기	76
산책 효과, 몸이 나아가면 마음도 나아간다	85
적당한 거리의 안전함	91

5월의 마음사전 100   5월의 할일 101

6 ··· 월 ··· 내 안의 들뜸을 다스리는 달

우리에게는 충전이 필요하다	104
내 분노의 주인은 누구인가	111
식욕의 심리학	119

6월의 마음사전 126 **6월의 할일** 127

7 ··· 월 ··· 모든 것이 성장하는 달

햇볕이 우리에게 주는 것들	130
공포를 극복하는 법	136
돈 쓰다 발견한 행복 공식	142

7월의 마음사전 150 **7월의 할일** 151

8 ··· 월 ··· 일희일비하는 달

파도타기의 기술	154
기꺼이 도움받는 연습	162
여름과 인생은 생각보다 길다	169

8월의 마음사전 178 **8월의 할일** 179

9 ··· 월 ··· 축제가 끝나는 달

가을, 결국 끝나는 무더위처럼	182
내 감정에 이름 붙이기	188
명절이라는 영원한 과제	194

9월의 마음사전 204   **9월의 할일** 205

10 ··· 월 ··· 밤이 길어지는 달

읽는 사람과 쓰는 사람	208
일단 해봐야 알겠지만	216
치료의 숲, 자연에서	222

10월의 마음사전 228   **10월의 할일** 229

11 ··· 월 ··· 잃은 것의 기쁨을 받아들이는 달

세월을 받아들이는 용기	232
성숙한 이별의 방식	237
각본 없는 삶	243

11월의 마음사전 250   **11월의 할일** 251

12 … 월 … 행복에 대해 생각하는 달

나의 행복 점수는	254
나약함을 인정할 때 우리는 강해진다	263
12월의 기쁨과 슬픔	272

12월의 마음사전 280   12월의 할일 281

1 … 월 … 인생을 낯설게 하는 달

인생의 권태를 극복하는 법	284
마음의 근력 운동	292
블루먼데이, 일 년 중 가장 우울한 날	300

1월의 마음사전 308   1월의 할일 309

2 … 월 … 내 안의 겨울을 떨쳐내는 달

기도로 이루는 소원	312
인생의 고지서를 받으면	319
불안과 손잡고 살아가는 법	325

2월의 마음사전 332   2월의 할일 333

나가는 말 시간은 언제나 우리 편이다	334
주	338

3

| 월 |

싹이 나는 달

관계는 햇빛처럼 공평하다.

비움으로 완성되는 시작

 털썩. 옷방 바닥에 주저앉아 장롱을 노려본다. 화사해지고 싶은 날씨가 찾아왔는데, 입을 옷이 사라졌다. 또 잡아먹었어. 장롱 속 존재는 계절이 바뀔 때마다 찾아온다. 찾아와서 옷을 먹어 치운다. 입을 옷이 없다! 그런데, 저기 꾸역꾸역 차 있는 옷들은 다 뭐지.

 오랜만에 정리를 시작한다. 옷걸이에 걸린 것들을 바닥으로 내팽개친다. 먼지가 순식간에 공기를 채워 시야를 흐린다. 다행이다. 몇 시간이고 창문을 열어놔도 춥지 않은 날씨라서. 먼지를 밀어내는 봄바람을 느끼며 널브러진 옷을 하나하나 살핀다. 이 옷은 너무 낡았고, 이 옷은 너무 작아졌고(혹은 내가 커졌고), 이건 너무 어려 보이고, 이건 유행이 지났고. 아니… 이런 디자인의 옷은 도대체 왜 산 거지? 불만 가득한 의식을 마치고 나니 방 한구석에 쓰레기 섬이 생겼다.

매일 외출을 준비할 때마다 봤던 옷. 그때마다 선택에서 배제된 옷. 그럼에도 여태껏 간직한 이유는? 그렇다. 나는 물건을 잘 버리지 못하는 사람이다. 이유(라고 쓰는 핑계)야 수십만 가지도 넘겠지만 그중 세 가지를 떠올려본다. 원인을 알면 방법도 찾아내겠지.

버리긴 너무 아깝잖아: 매몰비용

언니 결혼식 때 들인 울 100% 고급 재킷이 있다. 재킷이 제 몫을 해낸 건 그날 딱 하루였다. 그 뒤로 나는 백수였다가, 대학원생이었다가, 작가가 되어버려서 고급 재킷을 입을 일이 없었다. 비싸게 주고 산 옷인데 버릴 수도 없고 고이 모셔놓은 게 십수 년이다.

안 쓸 줄 알면서 버리지 못하는 심리는 **매몰비용**retrospective cost의 오류에서 온다. 매몰비용이란 일단 써버려서 회수하지 못하는 돈이다. 이미 떠난 것이기에 신경 쓸 필요 없는 돈이다. 그런데도 미련을 버리지 못해 더 큰 손해를 감수하는 미련한 존재가 인간이다.

정말 재미없는 영화를 보게 되면 딱 십 분만 봐도 느낌이 온다. 계속 보고 있는 게 맞나? 의심을 거두지 못한다. 의심하면서도 엔딩 크레디트가 오를 때까지 결국 자리에 버티고 앉아있다. 영화표를 구매한 돈, 영화관까지 찾아간 시간과 에너지가 아까워서다. 본전을 찾기 위해 버틴다. 물론 결과적으로 손해가 더 크다. 두 시간을 지루하게 견디느라 그 시간에 할 수 있는 수많은 기회를 잃었으니까. 본전 찾으려다가 본전도 못 찾는 셈이다.

아들러는 모든 행동에 목적이 있다고 주장한다. 그 목적은 이득이라고 믿는 결과에서 비롯된다. 물건을 버리지 못하는 이유는 버리지 않을 때 더 이득이 크다고 믿(고 싶)기 때문이다. 소비에 들인 비용과 이득이 균형을 이루지 못한다고 느낄 때, 손실을 메울 때까지 물건을 간직하게 된다.

잠들기 전 허기질 때 떠오르는 남은 음식처럼 언젠가 아쉬울까 싶어 버리기 아까워지는 것이다. 그러나 남긴 음식이 결국 음식물 쓰레기통으로 직행하듯 일단 손이 가지 않으면 결국 사용하지 않는다.

십수 년 동안 방치된 재킷도 다르지 않다. 격식을 차리는 자리는 종종 있었지만 돌이켜 보면 늘 새 옷을 샀다. 샀었고, 사고 있고, 앞으로도 살 것이다. 정리하지 않고 내버려두는 게 어떤 도움이 될까? 공간만 차지할 뿐이다. 남기는 게 이득이라는 목적은 번번이 실패했다. 이제 용기 내서 버릴 차례다. 잃어버린 것을 붙잡느라 진짜 필요한 것들을 놓치지 말자.

내 것이라 더 소중하다고: 소유효과
———

어느 날 어린 왕자의 행성에 씨앗 한 톨이 날아온다. 씨앗은 머지않아 어여쁜 장미로 탄생한다. 어린 왕자와 장미는 가까워졌다가 이내 멀어진다. 어린 왕자는 우주를 떠돌기 시작한다. 그리고 지구별에 도착해 수천 송이의 장미꽃을 보게 된다. 그때 비로소 깨닫는다. 자신의 장미가 얼마나 아름답고 소중한지. 어린 왕자의 장미가 유독 예쁘게 생겨서 그런 건 아니었을 것이다. 아름답고 소중하게 느껴진 건, 어린 왕자'의' 장미였기 때문이다.

쓰지 않는 물건을 중고로 판매하려면 머리가 복잡하다. 가격을 얼마를 책정해야 할까? 새 상품과 마찬가지로 보이는 너석, 여전히 쓸모에 대한 믿음을 버리지 못한 너석을 정가와 크게 차이 나지 않는 가격으로 올린다. 곧 터무니없는 협상 문의가 들어온다. 30% 이상 할인해줄 수 있나요? 얼토당토않다. 하지만 하루이틀이 지나고 게시글을 몇 번이나 끌어올려도 소식이 없다. 비로소 깨닫게 된다. 내가 너무 높게 가치를 매기고 있구나.

심리학과 경제학계의 저명한 학자인 대니얼 카너먼과 동료들은 어떤 사람들에게는 그냥 머그잔을 보여준 후 얼마에 팔면 좋을지 묻고, 다른 사람들에게는 머그잔을 선물로 준 뒤 얼마에 되팔고 싶은지 물었다. 머그잔을 그냥 본 사람은 2.75달러 정도에 판매를 희망했지만, 머그잔을 한 번 소유한 사람들은 5.25달러에 되팔기를 희망했다. 일단 내 것이 되면 가치는 상승한다. 아무리 짧은 시간이라 할지라도. 이를 **소유효과**endowment effect라 한다.[1]

사연 없는 물건은 어디에도 없다. 누가 줬는지, 어디서 샀는지, 이 물건과 어떤 시간을 보냈는지. 이토록 소중해진 물건을 버리기가 쉽다면 말이 안 된다. 경험은 추억이 되어 무엇 하나 버릴 수 없게 만든다. 그러나 소중함도 한둘이어야지 점점 쌓여 생활 공간을 좁히고 동거인을 비롯해 본인까지 괴롭히는 경우는 허다하다. 어떻게 '내' 물건과 이별할 수 있을까?

한 가지 방법은 '유지 상자keep box'를 만드는 것이다. 유지 상자란 물건이 완전히 버려지기 전 잠시 머무는 공간을 말한다. 다락방이든 창고든 어느 한 공간에 물건을 잠시 머물게 한 후, 더는 필요 없다는 확신이 들면 그때 처분하는 것이다. 심리학자 아이작 매튜는 고민되는 물건을 유지 상자에 옮긴 사람들이 제자리에 가만히 두고 버려야지, 버려야지, 하는 사람보다 훨씬 수월하게 물건을 버린다는 사실을 밝혔다. 그래서 이 유지 상자를 물건이 천국에 가기 전에 잠시 머무는 곳, '물건 연옥'이라고 명했다.[2] 물건을 살아있는 존재처럼 소중히 여긴다면 보내기가 애석하다. 그렇다고 물건은 그냥 물건이라며 냉정하게 마음먹기도 어렵다. 이별을 준비하는 단계가 있다면 얼마나 좋을까? 그럴 때 잠시 머물 장소를 마련해주면 마음의 정리가 쉬워진다. 떠나보낼 물건에 연옥을 마련해주자. 그렇게 이별을 준비하자.

남편과 처음 탔던 차는 검은 색 경차였다. 작은 차라고 도로 위에서 무시도 당했지만, 대중교통에서 우리를 자유롭게 해준 소중한 친구였다. 우리는 그 친구에게 '덕동'이라는 이름을 붙이고 친절히 대해줬다. 그러다 형편이 나아져서 차를 바꾸게 되었다. 기쁠 줄만 알았는데 그렇지 않았다. 떠나는 뒷모습에 눈물이 핑 돌았다. 제발 담배 피우지 않는 사람에게 가기를, 세차는 꼭 주기적으로 해주기를. 혹시나 안 팔리지 않을까, 새 주인을 만나지 못해 외롭지 않을까, 오랫동안 중고차 앱을 확인했다.

버리는 행위는 애착이 클수록 아프다. 사랑하는 사람과의 이별만큼 아프다. 과정에 마음을 더 써야 한다. 정리 컨설턴트 곤도 마리에는 물건과의 이별에도 추억 장례식이 필요하다고 말한다. 추억 장례식을 치를 동안에는 버리는 물건을 쓰레기 취급하는 대신 그동안 고마웠다고 인사를 전해야 한다. 필요 없어졌다 해서 쓰레기 봉지에 쑤셔 넣어서는 안 된다. 쓸모가 없어져 내버리는 게 아니라 쓸모를 다해 쉼을 주는 거라고, 그렇게 충분히 예의를 갖추면 마음이 편해진다. 예의 바른 이별은 성숙한 정리를 돕는다.

빨리 해치워버리고 싶은데: 종결욕구

버릴 물건이 많아도 너무 많으면 어떨까? 추억 장례식도 하루 이틀이지, 물건 줄초상은 보통 일이 아니다. 인간은 불확실한 것을 싫어한다. 빨리 결정하고 빨리 행동해서 빨리 끝내버리고 싶어 한다. **종결욕구**need for closure가 있는 것이다. 종결욕구가 강할수록 해치우려는 의지도 강해진다.

그러나 빨리 끝낼 수 없는 상황이 있다. 할일이 태산일 때, 선택권이 너무 많을 때, 어차피 못 끝낼 게 분명할 때, 아 그냥 안 해! 하고 결정을 회피한다. 물건을 버릴 때도 마찬가지다. 옷장에, 서랍에, 찬장에 짐이 산더미처럼 쌓여 있거나 아무리 봐도 해결 안 될 문제처럼 보이면 정리 자체를 포기해버린다. 상황을 종결하는 대신 행동하려는 의지를 종결한다.[3]

종결욕구를 뛰어넘는 해결 방법은 단순하다. 종결 단계 쪼개기. 종결할 수 있는 만큼만 목표로 세운다. 정리해야 할 장롱이 여섯 칸이라면 오늘은 한 칸만 정리하기. 서랍 한 칸, 책장 한 칸, 화장대만 치우기. 이렇게 끝을 볼 수 있는 분명한 목표만 조금씩 끝마치면 종결욕구가 충족되고 성취감까지 생긴다.

버리는 행위는 시작이 중요하다. 몸과 마음은 연결되어 있고 몸을 움직이면 마음도 따라 움직이기 때문이다. 진취적으로 달리면 해내고 싶은 마음가짐이 생기고, 느릿느릿 기어가면 기분도 축 처진다. 그러므로 일단 행동에 힘을 실어야 한다. 작은 목표에는 효능감이 생기고, 몸에 힘이 들어가면 텐션이 올라간다. 일단 시작하면 목표보다 더 멀리 가게 된다. 십 분만 걷기로 하고 나가면 삼십 분을 걷고 들어오는 것처럼. 그렇다고 목표를 갑자기 높일 필요는 없다. 까마득한 결승선 앞에 다시 무기력해지기 때문이다. 목표는 여기까지지만 훨씬 더 많이 했네, 이런 마음가짐으로 자신을 칭찬하면 된다.

종일 옷을 정리했다. 50L 한 봉지만 버리자 하다 보니 스무 봉지가 채워졌다. 허전할 줄 알았는데 기분이 상쾌했다. 약간의 공간이 생긴 장롱에서 여백의 미가 느껴졌다. 이 상태를 유지하고 싶어서 몇 가지 규칙을 세웠다.

비움을 위한 규칙

- 사려는 이유가 저렴한 가격이라면 사지 않는다.
  과거에는 저렴하면 일단 사고 봤다. 하지만 경험상 싼 물건이라는 인식이 생기면 손이 가지 않는다. 손이 가지 않는 물건은 쓰레기가 된다.
- 반대로 매일 쓰는 물건은 비싼 값이라도 치른다.
  쓰는 내내 만족감을 주기 때문이다. 비싼 것 하나를 오래 쓰는 것이 저렴한 것 여러 개를 방치하는 것보다 낫다.
- 일 년간 사용하지 않으면 버린다.
  유행은 돌고 돈다지만, 유행은 빈티지 '스타일'이지 빈티지 그 자체가 아니다. 유행이 찾아오면 어차피 새로 산다.
- 실패한 물건은 과감히 버린다. 비싸게 주고 산 물건이라도.
  특히 맞지 않는 옷과 신발. 아깝다는 생각은 집어치운다. 살은 빠지지 않고 발은 작아지지 않는다. 여태까지 그랬고 앞으로도 그럴 것이다.
- 너무 아까울 땐 필요한 사람을 찾아 나눈다. 타자 공헌은 반드시 기쁨으로 돌아온다.
- 하나를 사기 전에 하나를 반드시 버린다. 버릴 게 없으면 충분하다는 뜻이다. 살 필요가 없으므로 사지 않는다.

물건이 쌓이는 이유는 채우기 때문이고 자꾸 채우는 이유는 부족하기 때문이다. 우리는 결핍을 불안해하고, 소유하면 행복해진다 착각한다. 그러나 생텍쥐페리는 이렇게 말했다. 완벽함이란 보탤 것이 남아 있지 않을 때가 아니라, 뺄 것이 없을 때 완성된다고. 필요하지 않은 것이 전혀 없을 때 완벽함을 느낀다. 완벽함을 위해 오늘도 비워낸다.

일단 시작하면, 시작된다

3월 14일, 화이트데이는 미뤄온 고백을 해치울 절호의 기회다. 고백에 불을 붙이는 동기는 용기에서 비롯되기도 하지만 보통 결과에 대한 확신에서부터 온다. 여기서 말하는 확신은 눈빛, 말투, 함께 보낸 시간 동안 느낀 행복감 등을 빅데이터화하여 분석하고 내린 높은 성공률이다.

그러나 어떤 고백은 확신 없이도 이루어지기도 한다. 반응을 예상할 수 없다. 매년 3월 13일 밤이면 다음날 학교 내 책상에 쌓여 있을 사탕 더미를 생각하느라 마음이 무거웠다. 그 사탕의 출처 중 하나는 친한 친구가 짝사랑하는 아이일 것이다. 나는 아직 연애할 생각이 없는데. 공부가 중요한데. 왜 남자들은 나를 가만두지 않는 거야. 어떻게 거절하나 고민하느라 맘고생을 조금 했다, 라는 어린 시절 누구나 빠지는 몽상에서 자주 헤엄치곤 했다. 아, 고백이란 무엇인가.

그러다 정말 예상치 못하게 고백을 받았다. 평소 제법 괜찮아 보였던 친구였는데, 나한테 관심이 있었다고? 그 이야기를 듣는 순간 첫 번째는 놀랐고, 두 번째는… 싫어졌다. 아, 왜. 도대체 왜. 이런 농담이 있다. 좋은 친구를 만드는 법. 고백하기. 고백하는 순간 "우리 그냥 좋은 친구로 지내자."라는 답변이 돌아올 테니. 고백이 모든 이의 사랑을 완성하지는 않는다. 결국 그 친구와는 연인도 친구도 되지 못했다.

평소 호의를 가지고 있던 대상에 대해 마음이 한순간에 꺾이는 심리 현상은 빈번히 볼 수 있다. 몇 해 전부터 일본 젊은 세대에게서 유행처럼 번진 신조어인데, 바로 개구리화蛙化現象 현상이다. 개구리화 현상은 일본의 심리학자 후지사와 신스케가 2004년 처음 소개한 용어로 상대에게 호감을 느끼고 있다가도 마음을 확인하는 순간 혐오감이 생기는 현상을 말한다. 쉽게 말해, 좋아하던 사람에게 고백을 받으면 그 사람이 싫어진다는 것이다. 그렇다면, 개구리화라는 현상은 어디에서 유래했을까?

한 나라의 공주가 황금공을 가지고 놀다가 우물에 빠뜨렸다. 마침 공주를 보고 있던 개구리가 공을 꺼내주겠다 했다. 대신 자신의 소원을 하나 들어달라고 하는데, 그 소원은 공주와 깊은 관계를 맺는 것이었다. 공주는 개구리의 제안을 수락하고 황금공을 되찾을 수 있었다. 하지만 공을 얻게 된 공주는 금세 마음이 바뀌어 개구리를 따돌리고 도망갔다.

개구리는 성으로 찾아가 왕에게 이 사실을 고하게 된다. 왕은 명예롭지 않게 행동한 공주를 나무라고 공주는 개구리와 꾸역꾸역 밥까지 먹게 된다. 하지만 공주는 도저히 개구리하고는 한 침대에서 잘 수 없어 홧김에 그를 벽으로 내던진다. 그 순간 개구리는 저주가 풀려 왕자로 변한다. 멋진 남자로 변한 개구리에게 반한 공주는 사랑에 빠진다.

개구리화라는 개념은 그림 형제의 동화 〈개구리 왕자〉에서 탄생했다. 공주의 마음은 두 번이나 쉽게 뒤집힌다. 이처럼 사람의 마음은 한순간에 바뀔 수 있다는 의미다. 좋아질 수도 싫어질 수도.[4]

개구리화 현상이 과학적으로 뒷받침된 개념은 아니지만, 2023년 일본의 싱크탱크 Z총합 연구소에서 발표한 유행어 1위에 오른 것을 볼 때, 가볍게 생각할 현상은 아니다. 호감 가던 사람이 갑자기 싫어지는 이유는 무엇일까? 그 첫 번째 이유는 변화다. 사람들은 변화를 싫어한다. 변화에는 에너지가 들기 때문이다. OTT 구독 서비스를 떠올려보자. 어떤 서비스는 구독료가 아깝지 않지만, 어떤 서비스에는 접속이 뜸하다. 그럴 땐 빨리 구독 해지를 눌러야 하는데 행동이 더뎌진다. 해지 방법을 알아봐야 하고, 로그인을 해야 하고, 버튼을 눌러야 하고, 이런 과정이 번거롭게 느껴지기 때문이다. 해지하고 싶다는 마음은 있지만 실행으로 옮기기까지는 애를 써야 한다. 그 애씀이 싫어 현재 상태를 유지하게 된다. **현상 유지 편향**status quo bias이라 부르는 이 심리는, 대안의 옵션이 있더라도 현재를 유지하는 옵션에 머물도록 만든다.[5]

친구가 연인이 되는 것은 파격적인 변화다. 변화를 위해 감수해야 하는 번거로움은 적지 않다. 호감을 가진 두 남녀는 지금도 충분한데, 연인이 되기로 정한 순간 많은 것을 바꿔야 한다. 규칙을 정해야 하고, 시간을 내어줘야 하고, 또 관계를 유지하기 위해 드는 힘이 필요하다. 그래서 고백을 받으면 주춤하게 된다. 우리 그냥 친구로 지내자, 대답이 튀어나온다.

변화가 불편함을 주는 또 하나의 이유는 불안이다. 현재의 방식을 고수하려는 이유는 확실함에 있다. 익숙한 방식엔 익숙한 결과가 따른다. 예상할 수 있는 결과는 마음을 편하게 한다. 우리는 뻔한 결론을 편하게 느낀다. 심지어 그 결과가 나쁠지라도. 반면 다른 선택을 한다는 건 안 가본 길을 가야 한다는 뜻이다. 낯선 길을 상상할 때, 우리는 종종 최악의 결과를 먼저 떠올린다. 걱정이 앞서다 보면 기회를 놓치게 된다.

호의를 가진 친구가 고백할 때, 관계의 결말을 예상하기 어렵고 불안해진다. 불안이 찾아오면 진심은 그 뒤로 숨는다. 잘 지내고 있었는데, 연인이 되었다가 모든 걸 잃으면 어쩌지. 마음이 변해 바람이라도 피우면 어쩌지. 영원히 함께하지 못하면 어쩌지.

시작이 없는 여정에는 끝도 존재하지 않는다. 그럼 차라리 시작하지 않는 것을 택하고 싶다. 그러나 마음은 여전하다. 이때 불안은 방어기제를 작동한다. 상처받느니, 사랑하지 않도록 마음을 왜곡하는 것이다. 그러자 상대가 갑자기 못생겨 보인다. 치아도 누렇고, 말투도 이상하다. 원래 저렇게 거북목이었나? 보이지 않던 단점이 눈에 띈다. 이유가 만드는 비호감이 아니라, 비호감을 위한 이유를 찾아낸다. 실망감을 피하려 구실을 만들어내는 방어기제인 **합리화**rationalization는 무의식적으로 이루어지기 때문에 자신은 알아채지 못한다.

미워하기로 마음먹으면 관계의 변화로부터 자신을 지킬 수 있을까? 틀어지지 않으려 상대를 나쁘게 보기 시작하면 결국 관계는 틀어진다. 일어날지 아닐지 모르는 문제, 그러니까 상처받고 헤어지는 결과를 피하려다가 오히려 확정하고 앞당기게 된다. 다시 말해 불안은 아직 오지 않은 미래의 불행을 피하기 위해 현재를 확실히 불행하게 만든다.

고백은 일종의 시작이다. 그래서 개구리화 현상은 시작을 결정하는 순간마다 찾아온다. 해마다 자신의 책을 써보고 싶다고 말하는 사람들은 늘 이렇게 결론 내린다. 시간이 없어, 글을 잘 못써, 내 주제에 무슨 작가야, 책 낸다고 팔리는 것도 아니래. 도전을 멈출 이유를 찾아내고 만다. 오랜 갈등으로 케케묵은 관계를 풀기 위해 사과해야지, 하던 사람도 이렇게 결론 내린다. 사람 안 변한대, 내가 말한다고 듣겠어? 변화를 의심하며 멈추는 순간, 새로운 기회는 문을 닫는다. 가지 말아야 할 이유를 찾고 뒷걸음질부터 친다. 금이 가면 사용할 수 없다며 아끼는 유리잔을 찬장에만 모셔두는 꼴이다. 금이 가서 버리나 지금 사용 못 하나 마찬가지라는 것까지는 생각이 닿지 않는다.

오래 함께하던 강아지가 떠나고, 내 손으로 유골함을 만들고 싶었다. 하지만 손재주가 없어 고민했다. 그때 고민하던 나에게 도자기 선생님이 용기를 주었다. 토기는 굽기 전까지 망치는 게 없다며, 마음에 들지 않으면 다시 주무르면 그만이라 했다. 한순간 뭉개지기도 하지만 몇 번이고 다시 부수고 뭉치면 된다고 했다. 그러면 세상에 하나뿐인 완벽한 작품이 탄생할 거라고.

아이들이 노는 모습을 보고 있으면 참 귀엽게 꼴사납다. 별

것도 아닌 일에 아르렁거리고 다시는 안 볼 듯 날을 세운다. 그러다 또 몇 분 지나지 않아 꺄르르 웃음이 터진다. 부딪힘과 부서짐, 다시 뭉쳐짐. 이 과정을 반복하면서 아이들의 관계는 점점 단단해진다. 토기가 만들어지는 과정을 닮았다. 아이들도 해내는 이 과정을 어른들은 겁낸다. 생각이 너무 많아서 나쁜 결말을 예상하고, 지레 겁을 먹고 시도조차 하지 않는다.

  작가 존 셰드는 이렇게 말했다. "항구에 정박한 배는 안전하지만, 그것이 배를 만든 목적은 아니다." 두려움은 시작을 막는 핑계를 만들고, 겁많은 영혼은 이 거짓에 깜빡 속는다. 거짓은 나를 보호하지만 동시에 아무것도 할 수 없게 한다. 그러나 그렇게 살아가는 것이 우리가 존재하는 이유는 아닐 것이다. 풍랑이 이는 인생의 바다에 뛰어들어봐야 흔들리면서도 도착할 수 있다. 한 곳에만 머물면 나의 세상은 그곳이 전부가 된다. 세상이 아무리 커도 그렇다. 그러나 용기를 낼 때, 용기를 내어 나아갈 때 세상은 넓어진다.

  사랑에 진심인 사람은, 상처를 받는다. 그럼에도 불구하고 포기하지 않고 사랑에 계속 빠진다. 그러다 보면 결국에 영혼의 단짝을 만난다. 내가 만난 사람들은 모두 그랬다. 이성이든, 꿈이든, 도전이든, 친구든.

어떤 대상이든 시작에 겁내지 말기를. 당신이 도전을 용기 내어 던질 때 개구리는 왕자가 될 것이다.

시작하는 이들의 관계 규칙

 누가 먼저 읽어볼까요? 내가 묻자 동그랗게 모여 앉은 여덟 명이 시선을 피하기 시작했다. 심리 글쓰기 모임 날이었다. 한 친구가 자리에서 일어나 용기를 내어 이렇게 고백했다. 처음 보는 사람이 나를 싫어할까 봐 다가갈 수 없어요. 지금도 여기 있는 사람들이 날 싫어할까 봐 긴장돼요. 내 이야기를 듣기 싫어하면 어떻게 하죠? 말하는 그의 입술이 파르르 떨렸다.
 나는 말했다. 우리가 굳이 왜 당신을 싫어할까요? 싫어하는 데는 대부분 이유가 있다. 그리고 이유를 찾는 데는 시간이 필요하다. 우리는 모두 오늘 처음 만났다. 서로 얼굴을 마주한 지 십여 분도 안 지났다. 그런데 뭘 보고 싫어하느냐는 물음이었다. 정말 그렇네요, 라며 머쓱해진 그의 표정이 한층 밝아졌다. 그 모습에 사람들은 오히려 그를 좋아하게 되었다.

모임이 끝나고 돌아오는 길에 나는 풉, 하고 나를 비웃었다. 중이 제 머리 못 깎는다더니. 처음 보는 사람들 앞에서 늘 긴장을 놓지 못하는 나였다. 저 사람이 나를 싫어할까 봐 걱정돼. 이 의심의 시작은 초등학생 때로 거슬러 올라간다. 새 학기가 시작될 때마다 24일 안에 마쳐야 할 급박한 미션이 생겼다. 내 친구와 아닌 친구 나누기. 왜 하필 24일이냐 하면, 내 생일이 3월 24일이기 때문이다. 새 학기가 시작되자마자 생일 파티를 열어야 했던 나는 진심으로 축하해줄 친구와 아닌 친구를 구별해야 했다. 그러나 시간은 부족했다.

이런 이유로 나는 오래전부터 상대가 나를 어떻게 생각하는지 해석하는 관계 규칙을 세우고 있었다. 쪽지를 주거나 캐러멜을 건네줄 때, 먼저 말을 걸어주거나 칭찬해주거나 웃어줄 때, 저 친구는 나를 좋아한다 확신했다. 반면 아무 반응도 없으면 쟤가 나를 싫어한다고 지레짐작했다. 이 관계 규칙으로 새롭게 만난 친구들은 쉽게 구분됐다. 나를 좋아하지 않는 그룹, 나를 좋아하는 그룹. 저마다 애써 적응하기에 바쁜 3월, 먼저 다가오는 친구는 많지 않았다. 그럴수록 나를 좋아하지 않는 그룹에 배정된 친구가 많아지고 나는 자주 위축되고 주춤했다.

나만의 관계 규칙은 어디서부터 생겨난 걸까? 더 어린 시절로 올라간다. 새끼캥거루처럼 나는 엄마가 친구들과 만나 차 한 잔을 나눌 때도 곁에 있었다. 얌전히 무릎을 베고 까무룩 잠든 척했다. 사실 고도의 전략이었다. 엄마의 마음을 확인하기 위한 테스트. 엄마는 잠든 척하는 내 머리를 쓰다듬으며 늘 자랑했다. 고은이가 얼마나 착한지 몰라. 어제는 글쎄 자기가 신던 양말을 화장실에서 빨고 있더라니까. 입꼬리가 씰룩했다. 오늘은 또 어떤 이쁜 짓을 해볼까. 머리를 굴리느라 잠이 더 안 왔다. 지금 와서 생각해보면 대여섯 살짜리의 하찮은 손이 얼마나 큰 역할을 했겠느냐만, 잠든 나를 소중히 대하는 엄마의 마음만큼은 큰 선물처럼 느껴졌다.

어린아이는 중요한 타인으로부터 받는 반응에 민감하다. 다정한 반응이 돌아오면 그 반응이 다시 오도록 행동하고, 뾰족한 반응이 돌아오면 그 반응이 다시 오지 않도록 조심한다. 세상의 가치를 어른을 통해 배우는 **가치 조건화**conditions of worth 과정이다. 가치 조건화는 아이가 선한 길을 걷고 악한 길을 피하도록 안내하는 길잡이가 된다.

칭찬은 사랑을 확인하는 강력한 증거였고, 나는 계속 사랑을 확인하고 싶었다. 그래서 엄마가 자랑할 거리를 자꾸만 만들었고, 자랑할 수 있도록 계속 자는 척했다. 나는 애쓰는 만큼 사랑받았다. 애쓰면서 받는 사랑이 좋았다. 그러나 그렇게 받는 사랑이 커질수록 애쓰지 않았을 때 돌아오는 표현은 적어졌다. 표현이 적어질 때마다 불안해졌다.

어떤 가치는 너무나도 강력하게 내면화되어 아이를 조종한다. 칭찬을 지나치게 받으면 거기 얽매인 나머지 칭찬받을 행동만 한다. 그러다 칭찬이 사라지면 불안해진다. 이를테면 어릴 때부터 외모에 대한 칭찬을 자주 받은 아이들은 더 이상 예쁘지 않을까 봐 불안해하다가 외적인 기준에 집착하게 되고, 성적에 대한 인정을 많이 받은 아이는 성적이 떨어질까 봐 불안해하고, 성취에 집착하게 된다.

칭찬을 받던 아이들에게 칭찬이 돌아오지 않는 건 보상이 사라지는 일종의 **부적 처벌**negative punishment이 된다. 아무 말도 하지 않는 것, 예쁘다고 말하지 않고, 잘했다고 말하지 않는 것은 못생겼다, 못했다, 너는 사랑스럽지 않다, 라고 말하는 것만큼이나 뾰족한 가시가 된다.

칭찬으로 마음을 확인하던 나는 표현의 부재를 사랑의 부재로 오해했다. 칭찬의 부재를 참을 수 없었다. 아무 일도 일어나지 않는 상황이 나에겐 일종의 처벌이 되었다. 이런 오해 속에서 관계 규칙이 형성된 것이다. 표현하지 않는 것은 좋아하지 않는 것이다, 라고 말이다.

아이들은 같은 공간에서 부대끼다 보면 자연히 친해진다.

24일의 미션에서 통과하지 못한 아이들과도 자연히 친구가 되었다. 그러나 마음속 은밀한 의심이 생기는 날도 있었다. 그런 날은 묘하게 아무도 나를 찾지 않았다. 의심은 이내 확신이 되었다. 이런 게 바로 따돌림인가? 표현의 부재는 곧 사랑의 부재였기에, 우정을 모두 잃었다고 믿었다.

그러던 어느 날 내 마음에 파동이 일었다. 언제까지 가만히 앉아서 다가오기만 기다리고 있을 거야. 너를 사랑하지 않는 것 같다면 그 이유를 물어봐. 마음속 어떤 존재가 나에게 속삭였다. 맞는 말이었다. 나는 아무런 노력도 하지 않으면서 나를 좋아한다고 확신하는 사람만 내 친구로 여겨왔다. 그렇게만 살다가는 영영 혼자 남을지도 모르는 노릇이었다. 처음으로 용기를 내었다. 용기를 내서 나를 좋아하지 않는(그룹에 내가 직접 배정한) 친구들에게 쪽지를 보냈다. "왜 날 싫어하는 거야? 내가 마음에 들지 않는 점이 있으면 얘기해줘." 무리의 친구들이 웅성거리기 시작했다. 그리고는 함께 나에게 우르르 왔다. 달려들어 나를 안아주었다. 친구들은 말했다. 우리는 너를 좋아해, 그런데 오늘은 아파 보여서 다가갈 수가 없었어.

표현하지 않는다고 사랑이 없는 건 아니었다. 오히려 표현하지 않는 게 배려일 수도 있었다. 관계 규칙에 작은 금이 생긴 날이었다.

새끼캥거루가 받은 칭찬은 분명히 사랑이었다. 그러나 칭찬할 거리가 없을 때도 사랑은 존재했다. 그 사랑은 표현이 아닌 다른 방식으로 존재했다. 따뜻한 저녁 반찬이나 깨끗하게 정리된 방, 때로는 혼자만의 시간을 허락하는 배려처럼. 사랑은 365일 표현으로만 드러나지 않는다. 보이는 것만 믿은 꼬마에겐 이 사실이 비밀이었지만, 사랑은 언제나 존재했다.

표현의 부재는 오해를 부른다. 마음이 없는 것이라고. 그러나 마음은 대부분 표현되지 않는다. 원래 그렇다.

글쓰기 모임이 있고 며칠 뒤 강아지와 함께 애견 동반이 허용되는 카페에 갔다. 첫 번째 자리는 의자가 삐거덕거렸다. 자리를 옮겼다. 그런데 이번 자리는 햇빛이 눈을 강렬하게 공격해 도저히 견딜 수 없었다. 자리를 또 옮겼다. 세 번째 자리는 테이블이 너무 낮아 불편했다. 허리가 쑤셨다. 자리를 옮겨야 하나 고민하는데 직원의 눈빛이 심상치 않았다. 힐끔힐끔, 눈빛 공격을 받으며 나는 내가 이곳의 진상 손님이 되었다는 사실을 금세 알아챘다.

남은 커피를 들이붓고 집으로 가려는데 직원이 내 쪽으로 다가왔다. 긴장이 감돌았다. 드디어 쫓겨나는 건가. 그런데 그때, 그가 말했다. 한번… 만져봐도 되나요? 직원의 시선은 강아지를 향해 있었다. 고개를 끄덕이자 그는 강아지가 놀라지 않게 손등을 내밀었다. 촉촉한 코가 그의 손을 터치하자 환한 미소가 드러났다. 너무 귀여워서 아까부터 보고 있었어요. 그 심상치 않던 눈빛은 애정의 눈빛이었다. 타인의 의심에 '굳이'라며 조언했던 나는 금 갔던 관계 규칙을 원복하고 또다시 늪에 빠져 있었다.

마음을 있는 힘껏 표현하는 사람도 있다. 그러나 그렇지 않은 사람이 더 많다. 때로는 보이는 게 전부가 아닌 사람도 있다. 카페 직원처럼, 보이는 모습과 진심이 다를 수도 있다. 보이는 모습이 내가 의심하는 모습으로 왜곡되었을 수도 있고, 또 신중하게 표현하느라 알아채기 어려울 수도 있다. 나 역시 그러하다. 저 사람이 나를 어떻게 볼까 싫어하진 않을까 조마조마하면서 조심스럽게 천천히 다가간다. 그러나 이 머뭇거림을 누군가는 착각할 것이다. 왜 다가오지 않지? 내가 마음에 들지 않나.

우리는 자꾸만 사랑받을 자격을 따진다. 이렇게 했을 때는 사랑이 돌아왔는데, 아무것도 하지 않을 때는 돌아오지 않네. 나는 사랑받을 만한 사람이 안 되나 봐. 그래서 확인되지 못한 관계에서는 계속 의심한다. 결국 관계에서 오는 어려움은 어쩌면 표현의 부재를 착각하는 것 아닐까.

3월의 봄, 식물은 햇빛을 받고 자연스럽게 싹 틔운다. 햇빛이 어떤 씨앗만 예쁘다고 많은 빛을 쏘아줄 리 없다. 햇빛은 모두에게 공평하다. 하지만 그늘에 숨어 있으면 그 빛을 받을 수 없다.

 3월은 많은 일이 시작된다. 덕분에 관계에도 싹이 난다. 관계도 햇빛처럼 공평하다. 모두에게 그렇다. 의심하여 그늘 밑에 숨지만 않는다면 우리는 관계의 자양분을 받게 된다. 지레짐작 오해만 하지 않는다면 말이다. 우리는 존재 자체로 소중하다. 그것을 누가 확인시켜 주지 않는다고 해도, 눈에 보이거나 드러나지 않더라도 마음은 분명 존재한다. 그리고 우리는 공평하게 관심을 받을 것이다.

3월의 마음사전

개구리화 현상
蛙化現象

내가 좋아하던 사람이 나를 좋아하게 됐을 때 갑자기 애정이 식어버리는 현상이다.
내 마음이 갑자기 식는다면 한번쯤 생각해보자. 그 사람은 정말 개구리일까? 혹시 알 수 없는 미래의 불행을 피하기 위해 현재를 확실히 불행하게 만드는 것은 아닐까?

3월의 할일

버리기 고민되는 물건들을
한 곳에 모아두는 '물건 연옥' 만들기

'좋아해' 혹은 '고마워'라고
소리 내어 말하기

4
| 월 |

자신과 대화하는 달

행운을 믿는 사람은 쉽게 행운을 발견한다.

진실을 숨기는 몇 가지 방식

지금 학원 앞 떡볶이집에서 드라마 찍는대! 네가 좋아하는 그 배우 와있대! 문자 메시지를 보고 화들짝 놀란 나는 학원 수업도 빼먹고 떡볶이집으로 튀어 나갔다. 그리곤 너무 조용한 길거리에 아차 싶었다. 오늘 4월 1일이네. 매년 속고 또 속고, 속으면서도 웃어넘길 수 있는 유일한 날, 만우절이다.

만우절은 특별한 날이다. 가짜(를 가장한) 고백이 오가고, 퇴사나 터무니없는 연봉 상승 소문이 돈다. 기업에서는 충격과 공포를 부르는 엉뚱한 신제품을 출시하기도 한다. 거짓말이 금기 대신 놀이로 변하는 날, 모든 거짓이 허용되는 날. 거짓이 창의력과 유머로 포장되는 날. 만우절이다.

남이 안될 때 기뻐하는 나쁜 심보가 있다. **샤덴프로이데**schadenfreude라고 한다. 샤덴이란 독일어로 고통, 프로이데는 기쁨을 뜻한다. 정리하면 타인의 고통으로 기쁨을 느끼는 감정이다. 사실 그렇게까지 비인간적인 감정은 아니다. 창가에 앉아 지나가는 사람을 구경하다 넘어지는 장면을 보면 걱정보다 웃음이 먼저 터지는 것처럼 남의 괴로움을 보고 재밌을 때가 있다. 만우절은 샤덴프로이데를 합법적으로 느낄 수 있다. 거짓말로 민망해진 상황, 당황한 상대를 보며 웃을 수 있는 날이다.

인간은 얼마나 거짓말을 하고 싶으면 거짓말을 하는 날까지 만든 걸까? 심리학자 드파울로와 캐시의 연구를 보면 사람들은 평균 10분에 세 번 이상 거짓말을 한다.[6] 대단한 악의가 있는 건 아니다. 이야기를 흥미진진하게 풀어가려고 과장을 덧칠하고, 나를 포장하기 위해 악의는 살짝 숨기는 정도다. 상대를 웃게 만들거나 갈등을 피하려고 얼버무리는 것도 결국은 거짓말이다.

거짓말은커녕 평소 십 분 이상 말 자체를 안 하는 날도 많은 나도 종종 거짓된 모습으로 살아간다. 오늘도 그랬다. 포근해진 날씨에 단발머리가 간절해진 나는 고르고 고른 사진을 꺼내 미용사에게 보여줬다. 완전히 이해했다는 듯 고개를 끄덕인 그는 첫 가위질부터 나를 실망시켰다. 어깨 기장의 사진과 달리 머리를 귓불 아래에서 끊어버렸기 때문이다. 체념한 나는 아직 한쪽 머리를 더 다듬어야 했기에 불편한 기색을 숨졌다. 그 사실을 알 리 없는 미용사는 눈치 없이 웃으며 물었다. 길이 괜찮죠? 나는 그저 밝게 웃었다. 하하하하⋯.

거짓은 다양한 방식과 의도로 표현된다. 미용사와 불편해지기 싫어서 억지 웃음을 보이는 나처럼, 상대가 의도를 파악하지 못하도록 애매한 답을 주는 경우를 거짓말 연구의 대가 폴 애크먼은 **회피**avoidance라 불렀다. 회피는 솔직한 마음에 상대가 상처받을까 부러 의중을 숨기는 목적에서 나타난다.[7] 머리가 마음에 안 든다고 솔직히 말한다면 마음은 상할 수도 있지만 미용사는 자신의 실력을 돌이켜볼 것이다. 진실은 따끔하나 성장을 돕기도 하니까. 반면 회피는 당장에 배려하는 마음으로 상대를 더 크게 벤다. 희망고문이 그렇다. 희망고문은 원하는 바를 이룰 수 없는 상황에서 기대를 놓을 수 없게 만든다. 여지는 당장에 받을 상처를 피하게 해주는 대신 이후에 더 큰 아픔으로 다가온다.

그러나 거짓 없음이 언제나 답은 아니다. 솔직함이 매력이라며 자신을 어필하는 사람이 있다. 그들의 인생엔 회피가 없어서인지 필터를 거치지 않고 생각을 말로 쏟아낸다. 어머, 머리 왜 잘랐어? 예전이 더 나은데. 기분 나빴어? 알잖아. 나 거짓말 못하는 거! 솔직함의 정의는 거짓이나 숨김없이 곧고 올바르다는 뜻이다. 그러나 솔직함에서 회피가 빠지면 무례함이 될 때도 많다. 어떤 진실은 굳이 꺼낼 필요가 없다.

숨겨진 대신 뒤틀리는 진실도 있다. 거짓된 정보를 사실인 척 왜곡하는 것이다. 왜곡은 자신을 지키려는 목적에서 태어난다. 인간은 옳고 그름과 관계없이 자신을 지키려는 경향이 있다. 일단 나를 보호하는 게 중요하기 때문이다. 진실보다 거짓이 안전하다면 기꺼이 거짓을 택한다. 그런 사람은 어디서든 종종 볼 수 있다.

학창 시절 얄미운 친구 하나쯤 누구나 떠올릴 수 있을 것이다. 그 친구는 시험 날 아침만 되면 죽상이 되어 등장한다. 공부를 하나도 못했다느니, 깜빡 잠이 들었는데 아침이 되었다느니, 오늘 시험을 완전히 망쳤다며 큰소리로 말하고 다닌다. 그러나 어김없이 1등은 그 친구의 몫이고 우리는 그 말이 '허언' 장담이었음을 알게 된다. 솔직히 말한다고 해서 누가 잡아먹는 것도 아닐 텐데, 그들은 자존감이 깎아 먹힐까 거짓을 택한다.

스포츠 경기를 떠올려보자. 공정한 경기를 위해 상대와 체급이나 조건을 맞춘다. 그러나 한 참가자보다 다른 참가자가 우월할 때, 우월한 참가자의 여건을 불리하게 바꾼다. 바로 핸디캡을 주는 것이다. 마음을 지키는 시합을 할 때도 마찬가지다. 사람들은 불리한 경기에 임하기라도 하는 것처럼 자신에게 핸디캡을 주고 싶어 한다. 불리한 결과가 예상되면 자존감을 보호할 명분을 찾아 미리 균형을 맞추려 한다. 그 명분은 거짓말로 포장된다. 심리학에서는 이처럼 결과에 대한 불안 때문에 자신까지 속이며 변명을 만들어내는 심리를 셀프 핸디캡, **자기 불구화**self-handicaping라고 한다.

얄미운 그 친구에게 시험은 중대한 사건이다. 기대만큼 성적이 안 나오면 마음이 고꾸라진다. 그러니 시험을 망칠 명분을 미리 만들어 놓으면 안도할 수 있다. 실패하고도 변명할 수 있기 때문이다. 내가 시험을 못본 건 멍청해서가 아니라 잠이 들어서라고. 상황을 탓하며 자기를 보호할 수 있게 된다.

많은 사람이 불안으로부터 자신을 보호하려고 거짓을 말한다. 거꾸로 말하면 거짓말쟁이는 불안이 높다. 나는 살아오면서 여러 명의 거짓말쟁이를 만났다. 이들을 피노키오라 부르자. 내가 만난 피노키오의 거짓말은 언제나 무의미했다. 예를 들면 그들은 카페에 있을 때 누군가 전화로 어디냐고 물으면 집이라 답한다. 도대체 왜? 게임하고 있다가도 누가 뭐하냐고 물으면 자려고 누웠다 한다. 잘못을 저지른 것도 아니면서 자기도 모르게 거짓말이 튀어나온다.

피노키오들에게는 공통된 아픔이 있다. 바로 양육 환경이다. 거짓말을 잘하는 아이의 과거에는 강한 통제가 있는 경우가 많다. 통제적인 부모는 칭찬보다 지적하기에 바쁘다. 아이에게서 좋은 답이 나와도 더 나은 답을 닦달한다. 그럴수록 아이들은 입 열기가 두렵다. 그런 부모들이 듣고 싶은 답은 욕심, 이기심, 혹은 잘못된 판단으로 정해진 오답일 때가 많다. 그래서 아이는 진실보다는 답을 말하려 애쓴다.

아이의 세상은 부모로부터 시작된다. 통제적 부모를 보고 자란 아이는 세상이 자신을 통제할까 봐 겁낸다. 이런 세상에서 질문은 긴장을 당기는 방아쇠가 된다. 답을 찾아야 한다는 압박과 답을 모른다는 두려움이 섞여 아무 말이 습관처럼 나오게 된다. 습관화된 거짓말은 얼버무림에 가까워진다. 그 목적이 진실을 숨기는 데 있지 않고, 오답을 피하는 데 있기 때문이다. 허술한 거짓말은 자꾸 발각되고, 목적이 없으니 이해받기도 용서받기도 어렵다.

어떤 사람은 피노키오를 교화하기 위해 조건을 건다. 솔직하게 말하면 용서해줄게. 피노키오는 용기를 낸다. 그러나 진실이 드러나는 순간 협상 결렬. 거짓을 인정하는 순간 상대는 조건을 철회하고 화를 낸다. 용서하기로 한 약속은 사라지고, 피노키오를 다그치는 또 다른 부모가 생겨난다. 피노키오는 진솔함을 선택한 자신의 결정을 후회한다. 그리고 거짓을 계속 말하기로 결심한다.

피노키오에게 필요한 것은 진실을 말할 때 아무 일도 일어나지 않는 경험이다. 틀리지 않았다는 반응, 혹은 틀렸지만 그럴 수 있다는 존중. 모든 것을 수용할 수 없지만 그래도 조율해 볼 수 있다는 신뢰. 이런 경험이 모여 용기를 내게 한다. 진실 때문에 다치지 않는다는 사실을 깨달을 때, 세상이 그에게 안전한 곳이 될 때 거짓말은 비로소 멈춘다.

어떤 거짓말은 의도 없이도 튀어나온다. 알코올의존증 환자가 주로 그렇다. 그들의 뇌는 티아민이라고 하는 비타민의 한 종류가 결핍된 상태인데, 이때 나오는 증상 중 하나가 **작화증**confabulation이다. 말짓기증이라고도 부르는 이 병은 기억의 빈 공간을 아무렇게나 채우는 증상으로 나타난다. 예를 들어, 한 작화증 환자에게 왜 하품을 하느냐 묻는다면 환자는 기억을 지어내기 시작한다. 어젯밤 엄청난 일이 있어서 한숨도 자지 못했다며 일어나지도 않은 일을 말하기 시작한다. 손등에 상처를 가리키며 왜 그랬냐 물으면 나지도 않았던 사고에 대해 유창하게 말할 것이다. 얼마나 위험했는지도 호소할 것이다. 고장난 뇌는 가짜를 만들어낸다.[8]

리플리라는 이름의 한 피노키오는 뇌의 이상도 없으면서 쉬지 않고 거짓말을 한다. 그는 가난한 호텔 종업원이었다. 그의 친구 그린 리프는 재벌 상속자이자 사교계 유명인사 친구였는데, 리플리는 어느 날부터 자기가 그린 리프라며 연기하고 살아간다. 금기야 그린 리프를 죽이고 그의 삶을 송두리째 빼앗는다. 소설『재능 있는 리플리』에서 유래된 '리플리 증후군'은 정식 진단 명칭은 아니다. 그러나 거짓을 반복하고 사실이라고 믿는 수준이 심각할 때 흔히 리플리 증후군이라고 부른다. 일반 거짓말쟁이는 거짓말이 들킬까 두려워하지만 리플리 증후군 환자는 그렇지 않다. 거짓말을 스스로도 진실이라고 믿기 때문이다.

누구나 이상을 꿈꾼다. 그러나 이상이 현실과 너무 크게 차이 날 때 열등감이 생길 수도 있다. 열등감에 사로잡히면 지금 나를 바꾸는 대신 현실을 왜곡하는 선택을 한다. 그 선택을 통해 갭을 줄일 수 있다고 믿는 것이다. 거짓말이 자신을 이상에 가깝게 만들수록, 그 가짜 현실을 지키기 위해 거짓이 반복된다. 거짓이 거짓을 낳고 현실과 거짓이 구분되지 않는다.

요즘은 타인의 삶을 들여다보기가 간편해졌다. 그만큼 우리 삶도 쉽게 노출되고 있다. 이런 세상에서 누군가는 자신이 만든 그린 리프를 연기한다. 한 달짜리 월세에 살며 고급 아파트 거주민인 나를 자랑하고, 곧바로 환불할 것이지만 명품을 소유한 나를 자랑한다. 필터로 수정된 얼굴을 진짜 자기 모습으로 착각하는 **셀카변형장애**selfie dysmorphia라는 신조어까지 등장했다. 온라인상에서 만들어낸 자신을 자랑하다 보면 현생

감각을 잃기 쉽다.

　속임은 어디까지 허용될 수 있을까? 고의로 사실을 '은폐'한다면? 나를 골탕 먹이려고 사실을 비밀에 부치면 물론 그를 용서하기가 쉽지 않을 것이다. 그러나 은폐가 누군가를 살린다면 이야기는 달라진다. 깊은 관계에 있는 두 사람이 사고를 당했다. 한 사람은 그 자리에서 사망하고 다른 사람은 중환자실로 옮겨졌다. 생존자가 깨어났을 때 가족들은 비보를 은폐했다. 그에게 절대 안정이 필요했기 때문이다. 같은 경우에서 우린 과연 어떤 선택을 할까? 나는 내 사람을 지키는 것을 택할 것이다. 원망받을 걸 알면서도.

　거짓말은 스펙트럼이다. 선한 거짓말부터 악한 거짓말까지. 오늘의 거짓말은 그 어딘가에 존재한다. 그러므로 속인다는 건 경우에 따라 결과가 아닌 의도에서 평가받아야 할 때도 있다. 실제로 거짓말이 착취적이라 느끼면 관계를 망쳤다며 비난을 받지만, 선한 의도에서 비롯된 진심이 담긴 거짓말이라면 용서받을 가능성이 커진다. 우리가 여전히 하얀 거짓말을 놓지 않는 이유다.[9]

　나의 책에는 내밀한 고백이 종종 등장한다. 그렇게 솔직해도 괜찮아요? 독자들이 우려하면 나는 대답한다. 네, 괜찮아요. 어떤 이야기는 포장하거나 지어냈거든요. 나에게 상처 준 사람의 이야기를 있는 그대로 쓸 생각은 없다. 나의 책은 저격용이 아니기 때문이다. 또 어떤 부분에서 아픔을 과장하기도 한다. 안 그러면 지루하고 유치해서 책을 덮어버릴지도 모르니까. 독자가 궁금한 건 마음이 단단해지는 지식이지 내가 살아온 삶이 아니기 때문에 나는 죄책감을 느끼지 않는다.

우리는 살아가면서 삶의 다양한 부분을 연기한다. 그 각본에는 거짓도 종종 포함되어 있다. 진실의 길에서 한 걸음 비켜서고 잠시 마음속 거짓말 탐지기를 끄는 날도 있다. 왜 거짓말을 하냐고 묻는다면 그마저도 거짓으로 대답할지 모른다. 그러나 거짓이든 진실이든 삶의 메시지가 서로를 위한 것이라면 그것으로 충분할 때도 있다. 진실과 거짓 사이를 줄 타는 우리 피노키오에게 중요한 것은 코가 자라나도 웃을 수 있는 여유니까.

운이 좋다고 믿는 사람

거봐요. 오늘도 비가 오죠?

휘둥그레진 학생들 눈이 나를 향했다. 내가 한 말을 기억하고 있던 모양이다. 지난주 강의를 마치기 전 창밖을 바라보며 심각한 척 이런 말을 던졌었다. 유독 비 오는 강의가 있어요. 그 강의는 학기 내내 비가 와요. 이번 학기는 우리 강의가 그러네. 그러니까 여러분, 우리 강의 올 때는 꼭 우산을 챙겨오세요. 그리고 거짓말처럼 2주 연속 비가 내렸다. 그리고 다음주도, 그 다음주도 어김없이 비가 내렸다. 학생들은 날씨 요정을 보듯 나를 신기해했다.

하지만 나는 요정이 아니다. 1학기는 봄에 시작되고, 원래 봄에는 비가 자주 내린다. 봄비는 갑자기 쏟아졌다가 또 갑자기 모습을 감춘다. 세 시간의 긴 강의가 계속되면 한 번쯤 비의 존재감이 드러난다. 그래서 대부분의 강의에는 비가 온다. 마법이 아닌 확률이다.

사람들은 일단 무언가를 믿기 시작하면, 믿음을 뒷받침하는 증거만 찾으려 한다. 심리학에서는 이를 **확증편향**confirmationbias이라 부른다. 이를테면, 강의가 있는 날에 항상 비가 온다고 믿으면 비 오는 날씨만 눈여겨본다. 3월 내내 비가 오는 건 아닌데도 믿음이 계속되는 이유는 비가 오지 않는 날은 증거를 찾으려는 시도조차 하지 않기 때문이다. 날이 쨍할 때는 생각지 않던 마법이 비가 오면 다시 떠오르는 식이다. 결국 비가 오지 않는 날은 기억에서 사라지고, 비가 오는 날만 마음에 남는다.

한 번 정한 마음은 바꾸기가 어렵다. 믿음은 경험에서 오고, 경험을 부정해야 신념이 바뀌는데, 경험은 곧 인생이니 경험의 부정은 나를 부정하는 것처럼 아프다. 그래서 사람들은 자신의 생각을 유지하도록 증거를 찾고 그렇지 않은 증거에 대해 눈을 감는다.

우리는 종종 불편한 진실로부터 등을 돌린다. 형편없는 상대와 사랑에 빠진 친구를 보자. 아무리 진실을 말해줘도 귀는 꽉 막혀 있다. 이것 딱 하나만 고치면 정말 좋은 사람이라 우긴다. 그 딱 하나가 지나치게 치명적이라는 사실은 외면한다. 이처럼 나를 살리는 진실은 언제나 불편하다. 그래서 우리는 차라리 달콤한 합리화에 빠지기로 한다. 그 합리화에 도움이 되는 증거를 열심히 찾는다. 백 살까지 생존한 골초 노인을, 운동하지 않고도 건강한 사람들을, 열심히 살지 않고도 성공한 사람들 이야기를.

듣기 싫은 소리에 귀를 막다 보면 마음에 맞는 사람하고만 어울리게 된다. 그런 관계는 신념을 더 강화한다. 정치, 종교, 가치관이 맞는 사람과 교류하고 그런 내용의 기사만 골라 보고, 마음 맞는 커뮤니티에만 접속한다. 그러다 보면 세상은 온통 나와 같은 색, 나와 같은 결이다. 물론 자신만의 착각이지만.

한 타임슬립 드라마에서는 90년대로 돌아간 주인공이 동영상 플랫폼인 유튜브에 투자해야 한다고 주장한다. 그러나 간부는 무시한다. 매일 야한 동영상이나 뜨는 플랫폼이 성장할 이유가 없다면서 말이다. 미래에서 온 주인공은 알고리즘의 원리를 알고 있다. 그래서 이렇게 비웃을 수 있다. 그건 당신이 평소에 야한 것만 찾아보니까 그런 거고.

우리는 보고 싶은 것만 보는 걸 넘어서 보고 싶은 것만 보여주는 세상에 살게 되었다. 야한 영상만 즐겨보는 간부의 추천 목록이 늘 그런 식인 것처럼, SNS는 관심 있는 주제만 골라 보여준다. 덕분에 세상은 확증편향이 더 심해졌다. 우물 안에 갇힌 우리는 내가 보는 세상이 전부이고, 내 생각이 정답이며, 내 기준에 빗나간 모두를 오답으로 여기기 시작한다. 이런 사회에서 의심하지 않으면 나의 세상은 더 좁아진다.

어떤 사람은 자신의 불행을 증명하려 애쓴다. 언제나 운이 없다고 호소하는 사람이 있다. 그는 내게 말했다. 제가 얼마나 재수가 없냐면요. 시계를 봐도 꼭 4시 44분, 6시 6분이에요. 나는 말했다. 선생님, 지금 시계를 보세요. 시곗바늘은 12시 7분을 지나고 있었다. 그는 헛기침을 하며 다른 증거로 나를 설득하기 시작했다.

24시간 내내 좋은 일만 일어나는 인생은 없다. 풀리다가도 꼬이고, 꼬인 게 있으면 또 풀리기 마련이다. 슬픈 순간은 잠시이고 아무 일도 일어나지 않는 시간이 더 길다. 그러나 많은 사람들이 비가 오는 날만 보고 매번 비가 온다고 신기해하는 것처럼, 우울한 장면만 떠올리며 인생이 우울하다 확신한다. 우울한 사람이 주로 사용하는 표현은 늘, 항상, 언제나, 맨날, 반드시와 같은 말이다. 이 말은 늘, 항상, 언제나, 맨날, 반드시 오답이다. 그러나 세상을 오답으로 바라보니 그들의 인생은 정말 늘, 항상, 언제나, 맨날, 반드시 외롭고 어두워질 수밖에 없다.

몇 해 전 고열로 병원을 갔는데, 의사는 코로나와 독감을 의심했다. 몇 차례 검사를 받아도 결과는 음성이었다. 그래도 의사는 확신했다. 모든 증상이 코로나와 독감을 향해 있었기 때문이다. 처방된 약은 나를 살리기는커녕 더 악화시켰다. 다른 병원에 찾았고, 의사는 나의 등을 툭 하고 건드렸다. 억, 하는 신음이 터져 나왔다. 동시에 허리가 좀비처럼 뒤로 꺾였다. 의사는 서둘러 응급실을 가라고 했다. 신우신염이었다. 신장에 물이 고여 썩고 있었고, 조금만 늦었으면 정말 위급한 상황이었다. 때때로 확고한 믿음은 회복의 가능성을 가린다.

물론 어떤 인생은 유난히 기구하기도 하다. 정말 인생에 그런 일이 많이 생긴다 해도 달라지는 건 없다. 그마저도 늘, 항상, 언제나, 맨날, 항상, 반드시 기구하진 않기 때문이다. 눈을 씻고서라도 보지 못하던 것을 찾아내야 한다. 그럼에도 일어나는 내 인생의 좋은 순간을. 내 인생은 불행하다는 신념에 엑스표를 그어야 한다. 그러면 그 틈에 분명히 존재하던 희망의 씨앗이 보인다.

심리학자 와이즈먼은 실험에 참여한 사람들을 '운이 좋다고 믿는 사람'과 '운이 나쁘다고 믿는 사람' 두 집단으로 나누었다. 그리고 신문을 보여주며 지면에 사진 개수를 세도록 했다. 운이 나쁘다고 믿는 사람은 사진을 세는 데 2분이 걸렸다. 그러나 운이 좋다고 믿는 사람은 2초 만에 개수를 맞추었다. 신

문에 이런 힌트가 있었기 때문이다. "사진은 총 43개에요. 세어 보지 않아도 됩니다".[10]

    운이 나쁜 사람은 현실에 집중한다. 그러다 보니 눈앞에 행운을 놓친다. 그러나 행운을 믿는 사람은 쉽게 행운을 발견한다. 보고자 마음먹으면 보인다. 보고 싶은 것만 볼 수 있는 건 축복이다. 단, 내가 보려는 세상을 아름답게 보기로 마음먹는다면 말이다. 인생은 행복으로 가득해, 하고 믿는 사람은 좋은 일이 일어나는 순간에만 의미를 부여한다. 그리고 마음을 괴롭게 하는 일에는 눈을 감는다. 그러면 정말 행복만 가득한 인생을 살게 된다.

    강의가 시작되고 거짓말처럼 6주 내내 비가 왔다. 더 신기했던 일은 휴강한 7주 차에만 비가 오지 않았던 것이다. 그러나 마법은 여기서 끝났다. 8주 차에도 비는 내리지 않았다. 그러나 나는 수업날 어김없이 창밖을 보며 말했다. 거봐요. 오늘도 비가 오죠? 파랗기만 한 하늘에 학생들이 영문을 모르겠다는 듯 쳐다봤다. 내가 대답했다. 꽃 비! 창밖으로 벚꽃잎이 비처럼 쏟아지고 있었다. 비를 보기로 마음먹으니 모든 게 비로 보였다.

    우리가 보려고 하는 세상은 우리의 현실이 된다. 당신이 보고 싶은 현실은 어떤 모습인가.

벚꽃을 사랑하는 이유

꽃잎이 세상을 분홍빛으로 물들인다. 발끝에 꽃잎이 스칠 때마다 계절의 속삭임이 들린다. 시간을 멈추고 싶다. 이 순간에 영원히 머물고 싶다. 아름다움에 갇히고 싶다.

4월의 주인은 단연 벚꽃이다. 그 어떤 상황도 벚꽃을 보려는 사람들의 집념을 꺾지 못한다. 교통 체증도, 바쁜 일정도, 역병까지도. 사람들은 벚꽃이 피는 그 계절이 되면 반드시 시간을 내어 그 풍경을 눈에 마음에 담으려 한다. 왜 우리는 이토록 벚꽃에 열광할까? 아름다움 그 자체도 큰 이유지만, 더 큰 이유는 '짧은 수명'에 있다. 벚꽃은 희소함의 상징이다. 그 짧은 기한은 지금이 아니면 볼 수 없다는 불안을 자극한다. 한정된 시간은 사람들의 마음을 강렬히 붙든다.

〈오징어 게임〉은 인생 패배자들이 목숨을 걸고 큰 상금을 얻기 위해 무모한 게임에 참가하는 이야기다. 주인공 기훈이 처음부터 게임에 참가하려 했던 건 아니다. 그는 초대장을 받고도 얼토당토않은 조건에 콧방귀를 뀐다. 그러나 딱지맨은 단 한 마디로 그의 마음을 돌린다. "빈자리가 얼마 남지 않았습니다." 딱지맨의 한마디가 간절함을 자극한 이유는 희소함 때문이다. 우리는 희소한 기회를 놓치지 않으려 애쓴다. 그래서 고민하던 선택을 행동으로 옮긴다. 이를테면 살까 말까 망설이다 '남은 수량 1개'라는 문구를 보고 단번에 카드를 꺼내는 것처럼 말이다. 심리학자 로버트 치알디니는 이처럼 희소함이 사람의 마음을 사로잡는 심리를 **희소성의 원칙**scarcity principle이라 불렀다.

사람은 단순하다. 쉽게 간절한 마음 상태로 만들 수 있다. 과소비가 심한 H는 이 수법에 늘 당하곤 했다. 하루는 가게에서 별로 살 생각이 없던 코트 한 벌을 보다 가격을 물었다. 직원은 시큰둥하게 대답했다. ××원인데, 그거 하나 남았어요. 이 말에 카드부터 꺼내든 불쌍한 영혼. 이런 일은 자주 일어난다. 부족하다는 사실을 알게 될 때 없던 욕망도 생긴다. 이것이 희소함이 가진 힘이다.

그러면 희소하다는 것은 어떤 것일까. 희소함의 첫 번째 조건은 물량 부족이다. 한정판은 언제나 사랑받는다. 지구상에서 단 한 명만 구할 수 있는 물건이 있다면 얼마나 매력적일까? 한정판처럼 얻기 어려운, 그러나 얻을 수 있는 것들이 있다. 여행갈까 말까 고민 중 예약 사이트에서 발견한 문구. 초특급 할인, 남은 좌석은 단 2자리! 바로 결제를 완료한다. 온라인 서점에서 마주한 이런 문구는 어떨까? 백만 부 기념 특별판 양장 에디션! 정신 차리고 보면 한정판 표지의 책은 집으로 배송 중이다. 물론 원래 가지고 있는 책이었지만.

갖기 어렵다는 느낌은 단순히 물량이 부족할 때만 생기는 것이 아니다. 5분 남았습니다. 마감 임박입니다! 오늘 아니면 다시 볼 수 없는 구성! 쇼호스트의 외침은 간절함을 자극한다. 현명한 결정에는 시간이 필요하지만, 시간을 무기로 압박하는 순간 사고가 정지된다. 시간을 잡을 능력이 없는 우리는, 욕망이 이성을 앞서는 경험을 한다. '시간 제한' 역시 희소성의 조건이 된다.

개수를 제한하거나 시간을 부족하게 만드는 것처럼 의도적으로 제품을 희귀하게 만드는 방식을 **인위적 희소화 전략**artificial scarcity strategy이라 부른다. 인간은 결핍 때문에만 욕망하지 않는다. 어떤 자극은 가짜 결핍을 만들어낸다. 배가 부른 상태에도 음식 냄새에 입맛이 도는 것처럼. 이른바 헝거 마케팅이라 부르는 이 전략 역시 희소함으로 욕망을 자극하는 것이다.

그럼 매력적인 사람이 되기 위해 나를 희소한 존재로 만들어야 할까? 시간이 부족한 커플은 애절하다. 매일 듣는 애정 표현은 지루하지만 감질나는 관심은 더 끌린다.

경쟁자의 등장은 어떨까? 새로 살 집을 알아보던 중, 그냥 저냥 괜찮은 집을 본다. 그런데 미리 본 사람이 오늘 중 결정할지도 모른다는 중개인의 중대 발표가 있다. 그 순간 집을 향한 적당한 마음은 상당한 마음으로 자란다. 익숙한 상대에 대한 마음도 마찬가지다. 갑작스럽게 등장한 경쟁자는 권태로운 사랑에 불을 붙인다.

사람을 쥐락펴락하는 바람둥이는 의도적으로 자신을 희소하게 한다. 만남을 줄이고, 표현을 아끼고, 경쟁자를 등장시켜 질투를 유발한다. 그러나 어설픈 흉내는 금물이다. 애타는 마음은 피로감으로 연결되기 때문이다. 관계는 단거리 계주가 아니다. 장거리 마라톤은 피로해질 때 포기로 끝난다. 미래를 함께 그릴 수 없다면 희소함의 매력은 반감된다.

욕망이 커진다는 말이 대상의 매력을 크게 한다는 뜻은 아니다. 스티븐 워첼과 동료는 쿠키를 이용해 선호도 조사 연구를 했다. 한 집단의 사람들은 쿠키 열 개를 받았고, 다른 집단의 사람들은 두 개를 받았다. 그 결과 두 개의 쿠키를 먹은 사람들이 쿠키를 더 선호했다. 그러나 쿠키 맛의 평가에서는 열

개를 먹든 두 개를 먹든 차이가 없었다. 먹고 싶은 마음이 커진 것이지, 쿠키가 더 맛있게 느껴진 건 아니었다.[1]

희소함은 간절함을 키울 뿐 본질을 매력 있게 만들지 못한다. 상황이 만든 절실함은 상황이 해결되면 사라진다. 더 절실한 상황이 와도 마음은 빼앗긴다. 당신이 누군가를 애타게 하면 그는 당신을 간절히 원할 것이다. 그것이 그렇다고 당신이 더 매력적인 사람이 되었다는 사실을 증명하지는 않는다. 배가 고프면 브로콜리라도 먹는 것처럼, 당신은 그저 배고픈 사람이 원하는 브로콜리가 되는 것이다. 욕망이 가질 수 없는 데서 비롯된다면, 그 욕망은 소유하는 순간 충족된다. 그리고 충족된 매력은 빠르게 추락한다. 관계에서 희소성 전략을 사용하는 건 결국 하수의 기술이다. 영원히 밀고 당기는 관계는 없기 때문이다.

그러나 매력을 뽐내는 데 희소성은 여전히 유효한 전략이다. 다른 방법으로 희소함을 높인다면 말이다. 뛰어난 능력자들을 동시에 볼 수 있는 호사를 누릴 때가 있다. TV 오디션 프로그램이다. 다들 어디 숨어 있었는지 방귀깨나 뀐다는 사람이 대거 출연한다. 그러나 아무리 출중해도 모든 사람이 인기를 얻진 못한다. 기억이 남는 사람은 실력이 부족해도 개성 있는 사람, 독보적인 사람, 대체 불가능한 사람이다. 인간의 매력은 결국 차별화에서 온다.

사랑받는 사람이 되려면 특별한, 차별적인 사람이 되어야 한다. 그러나 아이러니하게도 사람들은 사랑받기 위해 정답을 정해놓고 뻔한 사람이 된다. 부탁을 거절하지 않는 사람, 마음에 없는 친절을 보내는 사람, 감정을 숨기고 적절히 맞춰주는 사람. 상대가 싫어하지 않는 기준을 흉내 낸다. 이렇게 남들이 원하는 사람이 되려다 보면 쉬운 사람이 된다. 쉬운 사람이 되면 함부로 대하기 편한 사람, 이용하기 수월한 사람이 된다. 매력과는 점점 멀어진다.

결국 나 자체가 매력적인 사람이 되어야 한다. 저는 특별한 개성이 없는데요? 볼멘소리가 튀어나온다면 자신에 대한 탐구가 부족한 것은 아닌지 고민해보자. 심리학자 조셉 루프트와 해리 잉햄은 서로의 이름을 딴 **조해리의 창**the Johari Windows을 통해 자기를 이해하는 방법을 안내한다.

나의 모습이 네 칸의 창문으로 이루어져 있다고 생각해보자. 각 창문을 깨끗이 닦아야 매력을 선명하게 드러낼 수 있다. 창은 그림처럼 '나'와 '타인' 그리고 '안다'와 '모른다' 두 차원으로 나누어져 공개적 영역, 맹목적 영역, 숨겨진 영역, 미지의 영역으로 구분된다.

먼저 공개적 영역은 나도 알고 타인도 아는 나의 모습이다.

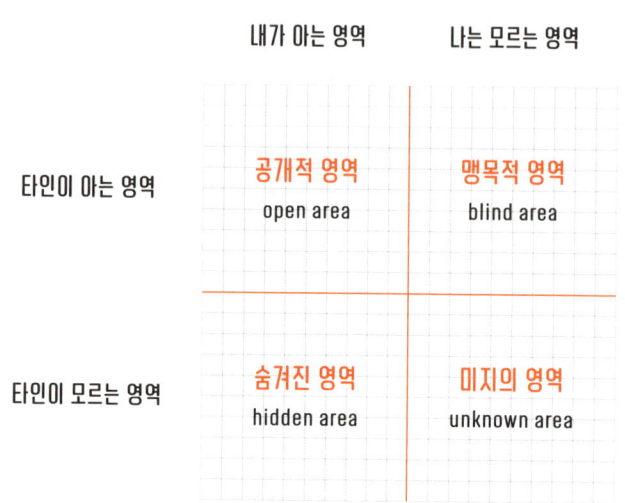

조해리의 창으로 보는 자기를 이해하는 방법[12]

외모, 직업처럼 말이다. 남과 다른 나의 모습은 매력이 된다. 핑크를 사랑해서 온통 핑크로 자신을 꾸미는 사람, 개성 넘치는 패션으로 자신만의 스타일을 드러내는 사람. 남들과 다른 것은 그 사람만의 고유한 매력이 된다. 키가 아주 크거나 목소리가 좋은 것처럼 남들에 비해 뛰어난 구석이 있다면 말할 것도 없다. 그러나 혹시 뒤떨어지거나 미흡하다고 생각하는 점도 뒤집을 수 있다. 매력은 주관적이기 때문이다. 태어날 때부터 곱슬기가 심한 사람은 미용실에 가지 않아도 자신만의 독보적 스타일을 구축할 수 있고, 체형에 아쉬움을 느끼는 사람은 체형 보완 코디네이터가 되어 유명세를 얻기도 한다. 남들과 다른 모습이 드러날 때 그것은 결점이 되기도 하지만 개성이 되기도 한다.

어떤 내 모습은 타인만 알 수 있다. 바로 맹목적 영역이다. 말투나 자세, 태도가 이 영역에 포함된다. 스스로 알아채기 어려운 부분들은 개선이 어렵다 보니 단점이 될 가능성이 크다. 예를 들면, 식당이든 카페에 갈 때마다 짜증을 내는 사람이 있다. 직원이 말귀를 못 알아듣는다고 하지만 정작 문제는 본인이었다. 목소리가 지나치게 낮고 작아서 상대가 알아들을 수 없었던 것이다. 미련한 사람은 상대를 비난한다. 자신이 어떻게 했는지는 알지도 못하면서 서운해하거나 화부터 버럭 내고, 진실을 마주해도 변명을 늘어놓는다. 우리는 타인의 평가에 귀 기울여야 한다. 피드백을 받아들이면 몰랐던 자신의 단점을 발견할 수 있게 되고 조금씩 매력적인 사람에 가까워진다.

때로는 나만 알고 타인은 모르는 창문, 숨겨진 영역이 매력의 근원이 될 수 있다. 숨기고 싶은 비밀이나 콤플렉스처럼 말이다. 흔히 약점을 드러내면 진다고 하지만 반드시 그렇지는 않다. 나는 대학 때까지 발표 불안이 심했다. 강사가 무대를 두려워한다고 하면 무능해 보일까 두려워서 타고난 말쟁이인 척 연기도 했었다. 그러나 나의 부족한 점을 진솔하게 건넬 때 듣는 사람의 마음이 열림을 느꼈다. 나의 미숙함은 오히려 독자들에게 내 인생을 친근하게 만드는 스토리가 되었다. 아들러가 말한 대로 열등감에 사로잡히면 콤플렉스가 되지만 열등감을 활용하면 성장의 원동력으로 쓸 수 있다. 누구에게나 열등감이 있다. 휩쓸릴지 활용할지는 우리가 선택할 수 있다. ×에 +를 겹치면 ＊이 되듯이, 열등감에 용기를 더하면 별처럼 빛나는 사람이 된다. 상처에 용기를 더하면 매력적인 존재가 된다. 비밀이 나를 꾸며줄 때, 누구도 흉내 내지 못하는 특별한 존재가 된다.

영화 〈기생충〉으로 오스카상을 수상한 봉준호 감독은 아카데미 시상식에서 마틴 스코세이지 감독의 말을 인용하며 이렇게 말했다. '가장 개인적인 것이 가장 창의적인 것이다.' 우리는 거푸집같이 인간을 찍어내는 환경에서 살아왔다. 좋은 사람의 기준에 맞춰 살아왔다. 그래서인지 자신에게 만족하는 사람은 거의 없다. 80억 인구 중 그 누구도 같은 사람은 없다. 내적 탐구가 길어질수록 나에 대해 잘 알게 되고, 그제야 나만이 가진 매력을 찾아낼 수 있다.

벚꽃이 아름다운 이유는 짧은 수명 때문이라지만, 솔직히

365일 내내 펴있어도 사랑할 수 있을 것 같다. 까만 나무 기둥에 기대어 피어난 딸기우유 빛의 꽃잎, 눈처럼 소복이 쌓이는 흩날림, 구름처럼 하늘을 채운 꽃 터널. 다른 식물에서는 볼 수 없는 벚꽃만의 아름다움이 존재하기 때문이다. 벚꽃을 닮고 싶다. 아름다운 사람이 되고 싶다. 그런데 아름답다는 건 무슨 뜻일까? '아름답다'의 'ᄋᆞ롬'은 개인적이라는 뜻에서 왔다고 한다. 결국 아름답다는 건 개인적이다, 나답다는 뜻 아닐까?

4월의 마음사전

샤덴프로이데
schadenfreude

독일어로 샤덴이란 고통, 프로이데는 기쁨이다.
지나가는 사람이 넘어지는 장면을 보면 웃음이 터지는 것처럼
타인의 고통으로 기쁨을 느끼는 감정이다. 생각보다 비인간적인
감정은 아니다.

4월의 할일

'늘', '항상', '언제나', '맨날'
잘못된 확증편향을 부추기는 단어들 사용 금지

남에게 들키고 싶지 않은
내 단점을 몰래 적어보기

5
| 월 |

가벼워지는
달

인간은 하지 않는 법을 모른다.
우울하지 않는 법,
사랑하지 않는 법,
고민하지 않는 법.

있는 그대로의 나를 받아들이기

 꽃 피는 봄이 오면 다들 놀러 다니는데, 전 별로예요. 여행이 싫어요. 억지로 끌려 나가도 집에 돌아가고 싶다는 생각만 해요. 저 무슨 문제 있는 건가요? 고민에 빠진 사연자에게 나는 말해주었다. 괜찮아요. 그럴 수 있어요!
 여행하면 행복한 이미지가 떠오른다. 그러나 여행이 모든 사람에게 행복을 주는 건 아니다. 여행을 싫어하는 사람은 보기보다 많다. 여행을 즐기는 사람들은 티가 나지만 싫어하는 사람은 눈에 띄지 않을 뿐이다. 행복은 다른 말로 주관적 안녕감subjective well-being이라 부르는데, 주관적이라는 건 답이 없다는 뜻. 그러니까 안녕한 상황은 사람마다 다르게 정해진다.
 길을 갈 때 도무지 직진을 모르는 친구가 있다. 이것도 신기하고 저것도 궁금해서 냅다 만져봐야 한다. 이거 보느라 즐겁고 저거 보느라 흥분해 자꾸 산만해지는 사람. 그러다 보니 목적지를 자주 까먹는다. 어릴 땐 사고깨나 쳤겠다 싶으면서도 사는 게 참 재밌어 보인다. 반면에 안전하게 뚜벅뚜벅 가야 할 길만 걷는 친구도 있다. 주변에 흥미라곤 눈곱만큼도 못 느끼는, 그렇게 살면 뭐가 재밌어? 하고 묻고 싶은 친구. 이렇게 다른 두 사람이 존재하는 이유는 뇌의 시스템 때문이다.

심리학자 그레이에 따르면 우리 뇌에는 두 가지 시스템이 별도로 운영된다. **행동활성화체계**behavioral activation system, BAS는 행동을 하도록 만드는 시스템이다.[13] 직진을 모르는 친구처럼 보상에 관심이 있는 사람은 이 시스템이 유독 활발하다. 신상 소식에 카드부터 꺼내고, 새로운 여행지 정보에 바로 예약을 잡는다. 근처에 식당이 생기면 맛봐야 하고, 핫한 드라마는 밤을 새워서라도 본다. 행동활성화체계 안에서 즐거움은 행동을 유인하는 미끼다. 이 시스템이 활성화되면 즐겁고, 맛있고, 새롭고, 흥미로워서 즐겁다고 느껴지는 신호를 민감하고 빠르게 감지한다. 이 신호는 참을 수 없는 동기를 유발해 행동을 불러일으킨다. 대표적으로 여행이 그렇다. 여행은 새롭고 신기한 자극의 연속이다. 그래서 이들에게 여행은 행복이다.

또 다른 뇌의 체계는 **행동억제체계**behavioral inhibition system, BIS로 쉽게 말하면 행동하지 않도록 만드는 시스템이다.[14] 좋은 게 좋은 거라는 말이 이 시스템에선 통하지 않는다. 좋은 일 따윈 바라지 않으니, 나쁜 일만 제발 일어나지 말아라. 이것이 그들의 기도 제목이다. 이 시스템의 관심사는 오직 안전함. 다시 말해 고통이나 처벌로부터의 회피다.

심리학에서 처벌은 잘못에 대한 응징과 구별된다. 행동을 주춤하게 하거나 하지 않게 만드는 모든 형태를 처벌로 본다. 올해는 물 근처에도 가지 마. 용하다는 점쟁이에게 이 말 한마디를 듣고는 한동안 바다는커녕 반신욕까지도 피하는 것과 같다. 처벌은 '너 자꾸 이러면 나쁜 일 생긴다!' 하는 협박을 닮았다. 혹시나 일어날 불행을 예상하며 행동을 멈추게 되는 것이다. 이처럼 나쁜 결과를 피하려고 행동을 멈추는 것을 **정적 처벌**positive punishment이라 부른다.

어떤 행동은 소중한 것을 잃는 상처에서 비롯되어 멈추기도 한다. 반려동물을 떠나보낸 경험이 있는 사람이 다시는 강아지를 키우지 않겠다 다짐하고, 가슴 아픈 이별 후에 이제 다시 사랑 안 해, 결심하는 것처럼 말이다. 소중한 것을 잃을까봐 걱정되는 마음도 처벌이 된다. 이를 **부적 처벌**negative punishment이라 부른다.

행동억제체계가 활성화된 사람들은 언제나 긴장이 앞선다. 그들에게 여행은 상상만으로도 긴장의 연속이다. 마음에 드는 숙소를 못 잡을까 봐, 어렵게 예약한 숙소가 후질까 봐, 길이 막힐까 봐, 크고 작은 사고가 날까 봐, 식당이 갑자기 문을 닫을까 봐, 어렵사리 모은 돈을 바가지로 다 쓸까 봐, 걱정이 꼬리를 물다 보면 여행을 가야 할 이유를 도무지 찾을 수가 없다. 나 역시 여행을 즐기지 않는다. 여행을 계획하면 기대보다 걱정이 앞서기 때문이다. 앞선 걱정이 현실이 되는 경우는 많지 않지만 분명히 있다. 그런 날은 수많은 안전한 여행날보다 뇌리에 강하게 각인된다.

제주 여행에서 배를 타고 돌아오는 날이었다. 분위기가 심상치 않았다. 곧 풍랑주의보 문자가 왔다. 출항 시간은 세 차례 연기되었고 선내 분위기는 어수선했다. 우유를 판매하지 않는 카페 직원, 비닐봉지를 나눠주는 선원. 마치 누군가 토하기를 바라는 것처럼 긴장감을 키웠다.

마침내 닻이 올랐다. 파도가 세봤자 얼마나 세겠어, 거들먹거림을 비웃기나 한 듯 배의 흔들림은 내 예상을 넘어섰다. 사람들은 기어다니며 화장실을 오갔고, 십여 분도 안 되어서 배를 돌리라 애원하기 시작했다. 내 다신 배를 타나 봐라. 비행기가 무서워 선택한 배는 더 끔찍한 기억으로 각인되었다.

여행을 반기지 않는 마음은 위험을 견디면서까지 즐거움을 찾지 않겠다는 마음이다. 예측할 수 없는 내일이 주는 긴장감, 소중한 것을 빼앗길지 모른다는 불안감, 이 모든 걸 감수하고 싶지 않다는 확고함이 얽혀 생긴다. 그럴 바에 차라리 즐기지 않는 것이 낫지 않을까.

위험을 회피하는 사람은 확실한 안전을 선호한다. 그러다 보니 즐길 순간은 적고, 어렵게 찾아온 순간도 만끽할 수 없다. 주저하는 만큼 기회를 놓치고 머뭇거리게 된다. 긴장감은 두통으로, 각성은 근육통으로 바뀐다. 편히 쉬는 법을 잊어 충전에 더디고 삶은 더욱 피로해진다. 이런 경향성은 기질이어서 쉽게 바꿀 수 없다. 이 기질을 원망하며 왜 이렇게 태어났을까 생각하는 건 아무런 쓸모도 없는 질문이다. 어떻게 적응해야 할까 고민하다 보면 나다우면서도 잘 기능하는 법을 알게 된다. 바꿀 수 없다면 다루면 된다. 야생마도 길들이면 명마가 된다고 하지 않았나.

위험회피 harm avoidance 기질은 비유하자면 자동차 브레이크와 같다. 뭣도 모르고 무섭다고 브레이크만 냅다 밟으면 승차감도 연비도 떨어진다. 그러나 운전 실력이 향상될수록 브레이크를 밟는 데도 능숙해진다. 밟을 때와 밟지 않아야 할 때를 구분하게 된다. 우리는 인생이라는 도로를 달리는 운전자다. 두려움이 나를 자꾸 멈춰 서게 하면 인생은 매끄럽게 흘러가지도 못한다. 에너지도 크게 소진된다. 그러나 점차 삶에 적응

할수록 멈춰야 하는 순간과 지나가도 되는 순간을 구분할 수 있게 된다. 피로도는 줄어들고 안전감은 높아진다.

기질을 다스린다는 것은 통제한다는 것이다. 통제하기 위한 첫 번째 조건은 수용하기. 예를 들면, 신경성은 불쾌함에 대한 민감성인데 흔히 신경성이 높은 사람을 까칠한 사람으로 취급하곤 한다. 민감한 만큼 성가신 소리, 불편한 촉감, 씁쓸하거나 텁텁한 맛 등을 훨씬 잘 감각하느라 기분이 별로인 날이 많기 때문이다. 따라서 신경성이 높은 사람은 대부분 그런 자신의 모습을 수용하기보다는 아닌 척하거나 고치려고 노력한다.

그러나 수용하는 사람은 있는 그대로의 자신을 인정한다. 장점과 단점을 나누는 대신 존재 자체를 받아들인다. 단점을 가만히 노려보고 있으면 강점이 고개를 빼꼼 내민다. 이를테면 민감하다는 것은 일종의 '능력'이다. 신경성이 높은 사람들이 특히 잘 감지하는 건 불편함이다. 덕분에 그들의 선택은 흠 없이 신중하다. 까다로운 만큼 완벽하다. 또한 까다로운 사람은 최악의 상황을 상상하는 데 능숙하다. 덕분에 문제가 오기 전에 미연에 방지할 수 있다. 혹시 문제가 닥쳐도 타격감이 크지 않다. 이미 상상으로 면역력이 생겼기 때문이다. 걱정은 해결 방법까지 고민하게 하므로 대처도 빠를 수 있다. 불안을 잘 다스릴 수 있다면 문제에 침몰하기 전에 구원을 얻을 수 있다.

모든 기질에는 장점과 단점이 공존한다. 그럼 다시 위험회피로 돌아가보자. 엄청난 이득을 얻는 것보다 조금의 손해를 피하는 게 안전하다. 얻지 않는다고 해서 다치는 건 아니지만 손해를 입는 것은 반드시 다치게 하기 때문이다. 친구 열 명 사귀는 것보다 미친놈 한 명 피하는 게 낫고, 열 번의 완벽한 여행보다 한 번의 사고도 없는 일상이 낫다. 상대를 좋게 해주기보다 싫어하는 행동을 안 하는 게 낫다. 열 번의 만족도 한 번의 불만족으로 사라지고, 백 번의 유용도 한 번의 해로움으로 무용해진다. 부정의 영향력은 이토록 세다. 그러니 오히려 처벌에 대한 경계를 잘 다스리면 강점이 된다. 그렇게 안전한 삶을 선택하는 것은 주관적 안녕감, 행복이 될 수 있다.

고등학생 시절, 과외 선생님이 일주일마다 집으로 방문했다. 나는 내가 좋아하는 포도맛 탄산음료를 한 캔씩 내어드렸다. 선생님은 매번 괜찮다며, 냉수 한 잔만 준비해줘도 된다 했다. 하지만 나는 정말 선생님을 좋아했고, 그래서 선생님의 만류에도 같은 음료수를 준비했다. 시간이 흐르고 깨달았다. 말을 많이 할 때 단맛 나는 음료가 얼마나 치명적인지, 탄산이 얼마나 목을 불편하게 하는지. 선생님의 사양은 예의상 표현이 아닌 점잖은 거절이었다. 슴슴한 생수를 바라는 간절한 소망이었다.

만족은 저마다 다르다. 즐거운 여행이 누군가에겐 어려운 시간이 될 수도 있다. 지루하게 살지 말라 잡아끌 필요도, 억지로 견디며 즐거운 척할 이유도 없다. 누군가에겐 탄산처럼 짜릿한 하루가 선물이지만, 누군가에겐 맹물처럼 밋밋한 하루가 선물이기 때문이다.

공중화장실을 청소하는 남자, 히라야마. 그는 어둑한 새벽 화분에 물을 주며 하루를 연다. 면도로 얼굴을 정돈한 뒤 청소복으로 갈아입는다. 현관 앞 소지품을 빠짐없이 챙겨 주차장으로 향한다. 차에 타기 전에 자판기에서 커피 한 캔 뽑는 것도 잊지 않는다. 신중하게 오늘의 노래를 선곡한 뒤, 흥얼거리며 화장실로 향한다. 영화 〈퍼펙트 데이즈〉의 첫 장면이다. 러닝타임 중간을 넘어가도록 그의 일상은 반복된다. 일어나고, 식물에 물을 주고, 면도하고, 소지품을 챙겨 캔 커피를 뽑는다. 노래를 틀고 순서에 맞춰 공중화장실을 청소한다. 따분하다. 그런데 그토록 따분한 영상이 위로를 준다. 가슴이 먹먹해지고 행복감이 느껴진다. 왜 그런 걸까?

궁금증의 해답을 영화의 끝자락에서 소개된 낯선 단어를 통해 찾았다. 코모레비こもれび, 나뭇잎 사이로 비치는 햇살이라는 뜻이다. 히라야마는 매일 청소 일을 마치면 필름 카메라

로 코모레비를 담는다. 매일 같은 장소에서 찍는 같은 나무 사진이지만 같은 사진은 하나도 없다. 일렁이는 바람에 햇살의 무늬가 쉬지 않고 바뀌기 때문이다. 히라야마의 권태 안에는 언제나 일상에 울리는 작은 파장인 코모레비가 있다. 그의 삶은 지루함 속에서 조금씩 변한다. 우는 아이 손을 잡아주거나 동료에게 돈을 빌려주고, 가출한 조카가 찾아와 자전거를 타기도 한다. 익명의 친구와 빙고 게임을 주고받으며 작은 미소를 짓고, 관심 있던 선술집 사장의 전남편과 그림자밟기 놀이도 한다. 코모레비는 그 순간에만 존재하는 다시는 붙잡을 수 없는 유일한 장면이다. 그러므로 특별하다. 사소함이 바람을 일으켜 삶을 흔든다. 그 흔들림이 찰나를 빛나게 한다.

    떠나지 않아도 괜찮다. 평범한 일상에서도 우리는 발견할 수 있다. 안전한 흔들림이 주는 아름다움을.

산책 효과, 몸이 나아가면 마음도 나아간다

어느 날 아침 눈을 떴더니 벌레로 변한 자신을 발견했다! 이런 충격적인 발상은 어디서 오는 걸까? 『변신』의 프란츠 카프카가 엄청난 산책광이었다는 사실은 유명하다. 그는 창작을 위해 걷고 또 걸었다 한다. 책을 쓰다 사고가 멈춰버린 나는 변신 그 비슷한 어딘가에라도 비벼보겠단 요량으로 책상에서 벌떡 일어났다. 가벼운 외투를 걸치고 가장 가벼운 운동화를 신고 정처 없이 걸었다. 거짓말처럼 막혀 있던 생각이 줄줄이 따라 나왔다. 덕분에 오늘도 글 하나를 뚝딱 완성한다.

걷는 것은 창작에 도움이 될까? 실제로 스탠퍼드 대학의 한 연구팀이 걷는 행위가 창의적 사고를 이끄는지 알아보았다. 연구팀은 학생들에게 용도가 뻔한 물건을 다르게 사용할 수 있는 아이디어를 최대한 많이 내라고 했다. 이를테면 벽을 쌓는 벽돌로 무엇을 할 수 있을까? 나에게 떠오르는 거라곤 괴한의 머리를 내리치는 클리셰뿐인데….

아이디어를 내기 전 참가자들을 서로 다른 조건에 배당됐다. 어떤 그룹의 사람들은 걸었고, 어떤 그룹의 사람들은 가만히 앉아 있었다. 그 결과 걷는 사람들의 아이디어가 훨씬 기발했다. 흥미롭게도 야외뿐만 아니라 실내에서 트레드밀로 걸은 사람들의 아이디어도 마찬가지였다. 걷기는 역시 창의성을 증진시킨다. 걷기의 힘은 정말 놀랍다.[15]

걷는 행위는 나아가는 행위다. 몸과 마음은 연결되어 있어서, 몸이 나아가면 마음도 나아간다. 생각이 발산되고 확장된다. 걷기는 나도 몰랐던 내 안에 잠재력을 깨운다. 어떤 사람은 이렇게 반문할 수도 있다. 내 인생에는 창작이 필요 없는데요. 그럼 걷지 않아도 될까요? 그럴 수 있다. 모든 사람이 번뜩이는 아이디어를 가질 필요는 없다. 그럼 똑똑해질 수 있다면 걸어보겠는지? 똑똑함은 누구에게나 있으면 좋은 능력이니까. 똑똑한 사람이 되려면 머리가 휙휙 돌아야 한다. 그러려면 훌륭한 **작업기억**working memory 용량이 필수다.

우리는 모든 경험을 기억할 수 없어서 중요한 정보와 그렇지 않은 정보를 구분한다. 책을 읽고 있는 여러분은 나의 생일이 며칠인지 기억하는가? 분명 3월의 글에서 언급하였지만 이미 기억에서 휘발된 지 오래일 것이다. 서운하지 않다. 나의 생일은 여러분에게 중요한 정보가 아니므로. 하지만 소개팅에서 만난 사람의 생일처럼 중요한 정보는 어떻게든 기억하도록 의미를 부여할 것이다. 이런 과정이 작업기억이 하는 일이다.

작업기억은 단순히 기억을 저장할까, 말까 고민하는 것 말고도 대단한 일을 한다. 산만한 상황에서 앞 사람의 목소리에 집중하게 하고, 당황스러운 장면에서 능숙하게 임기응변하며, 복잡한 일을 한 번에 처리할 수 있도록 한다. 이렇게 훌륭한 기능을 어떻게 키울 수 있을까?

걷기는 창의성만 아니라 작업기억 향상에도 도움이 된다. 단, 이때는 트레드밀이 아닌 야외로 나가야 한다. 그것도 자연으로. 평소에 집이나 도심을 걸을 때 우리는 대부분 그냥 좀비처럼, 기계처럼 목적지를 향해 '이동'한다. 그러나 자연에서 걸을 땐 다르다. 돌부리에 걸려 넘어질까 주의하고, 흙길을 밟으며 계속 달라지는 땅의 질감을 감각한다. 숲에서 나는 부스럭 소리에 위험한 짐승이 나타날지 긴장도 하고, 그러다 귀여운 다람쥐와 눈이 마주치면 심장이 녹아내린다. 자연에서 걷는 건 사용하지 않은 뇌 영역을 자극한다. 머리는 쓰면 쓸수록 똑똑해진다. 자연을 걷기만 해도 뇌는 돌아간다. 몸의 운동이 곧 생각의 운동이 되는 것이다.

걷다 보면 은근히 멍을 때리는 시간도 길어지는데, 이 가치 역시 엄청나다. 뇌를 연구할 때는 보통 어떤 일을 할 때 어느 부위가 활성화되느냐에 대한 질문을 던진다. 그런데 현대 연구에서는 뇌를 쓰지 않을 때도 뇌가 일을 한다는 것을 알게 되었다. 아무 생각이 없는 그 순간에도 뇌는 일을 한다. 이때 활성화되는 뇌 영역을 **디폴트 모드 네트워크**default mode network라 한다.[16]

디폴트 모드는 집중하지 않을 때 전환되는 뇌의 상태로, 특히 산책 중 쉽게 이 모드로 들어간다. 이때 사람은 사색, 그중에서도 나에 대한 성찰에 빠진다.

나는 누구인가, 라는 질문은 평생을 붙들고 가야 할 숙제이다. 하지만 너무 바빠서 피곤하고 정신없어서, 하루를 쫓기듯 지나다 보면 나를 향한 관심은 수그러든다. 자꾸만 자신을 돌아보고 성장해야 나아갈 수 있는데 그럴 시간과 기회를 놓친다. 그러나 걷기 시작하면 뇌는 '자동 나 바라보기' 모드로 바뀐다. 풍경 속을 걷다 보면 우리는 다양한 장면과 조우한다. 그것은 스치는 바람에 흔들리는 나뭇잎일 수도 있고, 나무 사이로 비치는 햇살이나 귀여운 동물일 수도 있다. 아름다운 자연과 만나는 것만으로도 돈 안 내고 즐기는 값비싼 취미가 되겠지만 진짜 중요한 만남은 '나 자신'과의 만남이다.

물론 나와의 만남은 괴롭다. 나에게는 근사한 모습보다 후지고 아쉬운 모습이 더 많기 때문이다. 나에 대해 깊이 알고 나면 알기 전으로 돌아가고 싶기도 하다. **반추**rumination 때문이다. 반추는 원래 소나 염소가 삼킨 먹이를 다시 게워내 입으로 오물거리는 일이다. 반추하는 소처럼 우리는 이미 지나간 아픔을 삼켜 버리지 않고 다시 끄집어내 마음으로 오물거린다. 여기에 더해 인간은 하지 않는 법을 모른다. 우울하지 않는 법, 사랑하지 않는 법, 고민하지 않는 법, 이런 것들을 어떻게 하는지 모른다. 그래서 반추하지 말자고 아무리 다짐해도 계속 반추하게 된다.

그러나 걸을 때는 다르다. 스탠퍼드 대학 연구팀에서는 산책의 효과를 알아보기 위해 사람들을 90분 동안 걷게 했다. 한 집단의 사람들은 초목이 풍성한 공원에서, 다른 집단의 사람들은 차와 건물이 가득한 도시의 숲에서였다. 두 집단의 뇌 활동을 스캔한 결과, 공원을 산책한 사람들의 뇌에서 부정 정서를 처리하고 반추하게 만드는 영역의 활동이 현저히 줄었다.[17]

나쁘게 생각하지 말아야지, 할수록 그 생각에 사로잡힌다. 그럴 때 먼저 해야 할 것은 생각을 붙드는 장면에서 벗어나는 것이다. 그리고 초록이 가득한 곳으로 나아가는 것이다. 초록을 보며 앞으로 나아가면 우리 뇌는 나를 돌아본다. 그러면서도 나쁜 생각하기를 멈춘다. 꼬리에 꼬리를 물던 사고 패턴이 멈춘다. 산책은 단순한 걷기가 아닌 치유다. 산책은 가장 훌륭한 심리상담사이자 인생 코치다.

녹음이 깊은 5월은 걷기의 축제 기간이다. 이 행사를 결코 놓쳐서는 안 된다. 김밥, 떡볶이, 순대처럼 초록, 걷기, 선선한 날씨의 조합은 마음 입맛에 딱 맞기 때문이다. 들꽃과 나무와 새와 구름, 사람들의 부산한 움직임을 보며 나아감에 집중하다 보면 똑똑해질지도 모른다. 스트레스는 사라지고 나쁜 생각도 멈춘다. 어느새 나 자신과도 친밀해진다. 이뿐일까, 소화도 잘되고 근육도 붙고 살까지 빠지니 자세도 교정된다. 산책을 하지 않을 이유가 하나도 없다.

5월이 나에게 선물을 준다. 집을 나서자. 발이 닿는 한 걸음 한 걸음은 마음을 치유하는 길이다.

적당한 거리의 안전함

　혼자서는 존재할 수 없는 이름. 가족이란 언제 들어도 좋은 말이다. 그러나 단어가 주는 따뜻한 느낌과 다르게 실제 가정 안에서는 감정이 복잡하게 공존한다. 사랑과 미움, 감사와 원망, 귀찮음과 애틋함, 때로는 죄책감까지. 행복해 보이는 가정마저도 내밀히 들여다보면 어쩔 수 없는 불화의 그림자가 드리워져 있다. 그래서 어떤 사람에게는 가정의 달 5월이 부담의 달로 느껴진다.

　가족은 너무나도 가깝지만 그럼에도 온전한 하나가 아니다. 가정 안에는 서로 다른 삶을 살아가며 개성과 가치관을 형성하는 존재들이 모여 있다. 특히 부모와 자녀는 긴밀히 연결되어 있지만 결국엔 독립된 존재다. 그러나 서로 사랑하다 보면 어느 정도까지 개입해도 되는지 그 경계가 흐릿해진다. 같은 생각을 하고 같은 결정을 하길 원하나 마음이 맞지 않을 때가 있다. 그럴 때 한 사람이 다른 가족에게 모든 걸 맞추기를 요구하면 문제가 커진다. 열 시 이후에는 반드시 모두가 집에 돌아와야 한다는 어머니와 성인이 되었으면 좀 늦어도 상관없다는 자녀, 잠은 꼭 집에서 자야 한다는 아버지와 여행을 즐기고 싶은 자녀처럼 말이다. 가정에 아픔이 생기는 가장 큰 이유는 적당한 거리를 두는 데 실패하기 때문이다.

인간의 아기는 동물과 달라서 태어나고 몇 해 동안은 양육자를 의존한다. 양육자는 아기를 일거수일투족 챙기게 되면서 둘은 거의 한 사람처럼 살아간다. 시간이 흐르면서 아기는 스스로 걷고, 먹고, 판단하기 시작한다. 그리고 어느 순간이 되면 '나'라는 존재가 되어 홀로서기를 시작한다. 부모는 자녀의 사춘기를 이해하지 못한다. 방문 닫는 걸 허락하지 않고, 어떤 친구를 사귀는지 철저히 관리한다. 자녀가 살아가는 방식이 나쁘다고 판단되면 직접 개입도 한다. 문을 따고, 친구에게 전화하고, 선을 넘는다. 가족상담이론가 보웬은 이처럼 가족 구성원의 지나친 개입으로 저마다 독립적인 삶을 살 수 없게 된 모습을 **융합**fusion이라 불렀다.[18]

부모는 융합에서 독립으로 넘어가는 시점을 잘 알지 못한다. 그 과정은 셔터를 올렸다 내리듯 명확한 순간으로 구분되지 않기 때문이다. 부모는 서서히 이루어지는 변화가 낯설다. 모든 것을 챙겨주었기에 어디서부터 놓아야 할지 모른다. 한 사람으로 존재하길 원하는 자녀와 그런 자녀를 돌봄이 필요한 아기로 대하는 부모. 갈등이 사라질 리 없다.

더 심각한 상황은 부모가 자녀에게 개입하는 데서 나아가 자녀에게 부모 역할을 요구할 때다. 부모의 역할은 무엇인가? 자녀를 돌보고 책임지는 것이다. 그러나 역할이 전도된 가정에서 부모는 자녀에게 의존한다. 괴롭다, 우울하다, 토로하면서 자녀에게 위로를 받으려 하거나, 은연중에(혹은 노골적으로) 가정형편의 어려움을 말하며 자녀가 경제적 책임을 지길 바란다. 아이는 보호받는 대신 부모의 역할을 떠맡아 가정에 대한 부담을 느낀다. 이런 현상을 **부모화**parentification라 한다.[19]

부모화된 아이는 심리적 가장이 된다. 성숙하고 책임감 있게 보이는 자녀 모습에 부모 역시 만족해한다. 그러나 회사에서의 승진에도 경험이 필요하듯, 가족 내 역할을 맡는 데도 적절한 시간이 필요한 법이다. 아이는 아이답게 실수하고 의존하고 사랑받아야 한다. 그 시절을 충분히 보내야 진짜 어른이 될 수 있다. 그 시기를 거치지 않고 곧바로 성인 역할을 부여받으면 삶이 버겁게 느껴진다.

가족 간 문제는 복잡한 상호작용의 집합체다. 어머니와 아버지, 어머니와 할머니, 아버지와 할머니, 어머니와 자식, 아버지와 자식. 짝지을 수 있는 모든 연결마다 문제가 있다. 저마다 자기 문제를 깨닫고 노력하지 않고는 바뀌기 어렵다. 그래서 자녀는 버거운 이유를 깨달았을 때 더 나아지려는 노력 대신 가족을 원망하는 일을 선택하게 된다. 그리고 최대한 부딪히지 않기로 한다. 감정적 교류를 최소한으로 하고 가능한 갈등조차 하지 않는 **정서적 고립**emotional cutoff 상태로 들어가는 것이다. 형식적 안부를 묻거나 공간만 공유하는 메이트가 되어버린다. 그렇게 지나치게 가까운 관계는 결국 지나치게 먼 거리가 된다.

가족에게서 받은 상처는 단순히 기억으로 남지 않는다. 살아가는 모든 순간에 영향을 준다. 감정 흔적을 남기는 것을 넘어 성격을 바꾸고 행동에도 변화를 일으킨다. 사람을 대하는 방법부터 결정을 선택하는 방식까지 영향을 준다. 책임감이 강했던 자녀는 의존하는 법을 배우지 못해 사회에서도 떠맡는 사람이 되고, 어깨에 기대는 법을 배우지 못해 홀로 괴로움을 감당한다. 받는 것보다 주는 것에 익숙한 나머지 사람에 대한 기대가 줄고 최소한의 관계만 유지한 채 외로움을 선택하기도 한다.

또 어떤 이들은 자신과 같은 존재는 가정을 이룰 자격이 없다고 생각하며 혼자 살아가는 것을 선택하는 경우도 있다. 자신이 경험한 형태의 사랑을 대물림할까 두렵기 때문이다. 이처럼 가정에서 쌓여온 상처는 **심리적 유산**psychological legacy으로 남는다. 관계의 형태는 습관이 되고 내 삶에 깊게 뿌리내려 나를 괴롭히다가 또 다른 사람에게 전해진다. 우리는 이 유산을 끊어내야 한다. 인생은 나의 선택과 결정으로 충분히 바꿀 수 있다. 물론 노력이 모든 환경을 뛰어넘지는 못하지만, 문제의 해결책은 내가 쥐고 있다.

네 인생은 늘 그 모양일 거야, 이 말과 그래도 노력하면 나아질 수 있어, 이 말 중 우리는 선택할 수 있다. 우리는 할 수 있는 일을 해서 더 나은 삶을 살 수 있다. 심리적 유산 또한 마찬가지다. 상처 주는 가정에 태어난 것은 선택할 수 없지만, 우리 대에서 상처를 끊어낼 수 있다. 더 나은 삶을 향해갈 수 있다. 이제껏 받아온 심리적 유산을 새롭게 정의해야 한다.

가족 갈등은 보통 극단적인 해결 방법으로 치닫는다. 한 사람이 죽을 때까지 참거나, 도저히 참지 못해 끊어내는 방식 중 하나로. 그 방식은 결국 모두에게 상처가 된다. 가장 바람직한 가족 관계는 느슨하게 연결된 독립이다. 언제든 주고받을 수 있으나 각각의 개체로 존재하는 것. 그렇다면 어떻게 끊어지지 않으면서 적당한 거리를 둘 수 있을까?

의존하는 사람은 약자의 모습을 하고 있다. 다른 가족은 약자의 눈치를 본다. 자신 역시 서운한 마음이 있지만 이렇게 말하면 상처받을까, 저렇게 말하면 버티지 못할까, 걱정이 앞서기 때문이다. 결국 정제된 마음만 뱉는다. 한 사람은 약자의 가면을 쓴 채 하고 싶은 말을 일방적으로 쏟아내고 다른 한 사람은 불편한 진심을 숨긴다. 숨겨진 진실은 알 도리가 없어서 의존하는 사람은 문제를 모른다. 그래서 첫 번째 단계는 의존하는 사람이 스스로를 알아챌 수 있게 하는 것이다. 하지만 오랜 소통 방식은 습관이 되어 다르게 방향을 잡기 어렵다. 그래서 종종 가족 상담을 시작하려는 경우가 있는데, 상대를 데리고 상담을 받으러 가는 길이 참 멀다. 상담은 문제가 있는 사람들의 몫이라 생각하고, 상담에 동참한다는 것은 자기에게 문제가 있음을 인정하는 일이라 믿기 때문이다. 모든 사람은 마음에 저항심이 있다. 잘못을 지적받길 원하지 않는다.

복잡한 문제는 심각하지 않은 시작으로 열어야 한다. 당신 문제가 아니라 모두가 그렇다는, '우리' 문제가 아니라 '인간'의 문제라는 일반화가 필요하다. 이를 위해 도서관에서 열리는 심리학 강연을 함께 듣거나, 마음을 이해하는 책을 읽는 방식도 좋다. 실제로 심리학 강연에 오는 많은 사람이 가족과 함께 이 자리에 오지 못해 아쉬움을 표한다. 공부가 필요한 건 자신이 아니라 가족이기 때문이다. 두 사람이 함께 공부하고 전문가의 이야기를 들으면 대화의 물꼬를 트기가 쉬워진다. 아주 작은 변화가 시작된다.

아주 작은 변화의 첫걸음은 인정, 그리고 고백으로 서로의 마음을 풀어주는 것이다. 아이는 조금이라도 바라는 대로 해주지 않으면 이렇게 반응한다. 엄마 미워! 엄마는 날 싫어해! 보이는 것 너머의 사랑을 이해하지 못한다. 하지만 아이가 자라면 그 너머의 것을 볼 수 있다. 엄마가 부족했음을, 미숙했음을. 앞으로 잘할 수 있을지 모르겠지만 변화가 있길 희망한다고 말만 해도 자녀 마음은 녹기 시작한다. 관계를 바로잡는 건 굉장히 어려운 일이 아니다. 진정성 있는 사과 한마디가 관계를 회복시키기 시작한다. 사과의 힘은 강력하다.

마음이 풀리면 새로운 관계 습관을 들여야 한다. 적당한 경계선을 긋는 것이다. 모유 수유를 하는 많은 어머니가 처음 아기가 젖을 뗄 때 엄청난 상실감을 느낀다고 한다. 유일하게 연결된 고리가 끊어진 느낌이 들기 때문이다. 그렇다고 아기에게 평생 젖을 물리고 살아가진 않는다. 이유식을 만들고, 밥을 먹이고, 또 다른 방식으로 아기를 사랑한다. 가족 간에 경계를 세우는 일도 마찬가지다. 처음에는 거리를 두는 일이 서운할 수 있다. 서운한 감정은 자연스럽다. 그러나 감정을 수용하면서도 현실을 받아들여야 한다. 거리두기는 마음이 멀어지는 게 아니다. 원래의 거리를 찾아가는 일이다.

부부가 애틋해지는 가장 쉬운 방법이 있다. 바로 주말부부가 되는 것이다. 농담 같지만 정말 그렇다. 떨어져 살면 사랑이 커진다. 생채기는 잊어버리고 좋은 기억만 남기 때문이다. 물론 그렇다고 두 집 살이를 하라는 것은 아니다. 서로의 시간을 존중하고, 각자의 공간을 마련해주고, 그렇게 그만큼 거리를 두는 것이 필요하다. 자녀가 군대에 가거나 자취를 시작할 때도 마찬가지다. 물리적 거리두기가 시작되면 애틋함은 커진다. 느슨히 연결된 가정은 결코 끊어지지 않는다. 오히려 그 연결이 더 강력해진다. 적절한 거리는 오히려 서로를 존중하고 이해하는 기회를 제공한다. 저마다의 독립성을 존중할 때 관계는 더욱 건강해진다.

아파트 입구는 언제나 차단기로 막혀 있다. 허락을 받지 않고는 통과할 수 없다. 그러나 가정의 달 5월의 주말은 차단기를 활짝 열어둔다. 가족들이 찾아오는 날이기 때문이다. 평소에 자주 교류하지 못했기에 더 깊게 들어가기를 허락받는다.

진짜 가족은 이런 것이다. 거리를 두다가도 깊숙이 침투하는.

    늘 감사함을 전하고 싶지만 민망한 마음에 바쁘다는 핑계로 표현을 잊는다. 그러다 5월이 되면 가정의 달이라는 이름으로 밀려왔던 숙제를 푼다. 매번 해줄 수 없는 선물을 준비하고, 늘 쫓기다가도 시간을 내고, 덕분에 마음을 전할 수 있는 달. 작은 표현으로 마음에 씨앗을 심어보는 건 어떨까?

5월의 마음사전

코모레비
こもれび

나뭇잎 사이로 비치는 햇살을 뜻한다.
일렁이는 햇살의 모양은 늘 변하고
같은 시간, 같은 나무라도 똑같이 생긴 코모레비는 없다.
반복되는 우리의 일상에도 같은 날은 없는 것처럼.
코모레비는 매번 그 순간에만 존재하고 붙잡을 수 없다.

5월의 할일

늘 다니던 길 말고 다른 길로 산책하기

'왜'라고 묻는 대신
'어떻게'라고 바꿔서 생각하기

생각이 많을 때는 일단 밖으로 나가서 걷기

6
| 월 |

내 안의 들뜸을
다스리는 달

우리가 지향해야 할 상태는
날씬함이 아니라 적당함이다.

우리에게는 충전이 필요하다

20대는 결실은 없는데 바쁜 시기였다. 일하고 공부하고 잠들고, 다시 일하고 공부하고 잠드는 반복의 연속이었다. 마치 멈출 수 없는 쳇바퀴에 갇힌 것처럼 몸과 마음이 너덜너덜해졌다. 누군가 내게 '지금 무엇을 하고 싶냐' 물으면 늘 이렇게 말했었다. 가만가만히 있고 싶어요. 정말 그랬다. 나는 아무것도 보지 않고 아무것도 듣지 않고 가만히만 있고 싶었다. 그것이 나의 간절한 바람이었다. 그래서인지 6월은 반갑다. 대학생, 대학원생 때는 1학기가 끝나는 종강, 대학에서 강의할 때도 긴 여름휴가가 시작되는 시기이기 때문이다. 어떨 때는 응시자고 어떨 때는 채점자였지만, 어쨌든 나는 6월이 되어야 비로소 해방되었다.

휴식의 시즌이 찾아오면 무얼 하는 게 좋을까? 대부분 사람들은 쉴 때 놀고 싶어 한다. 쉼과 노는 것을 동일선상에서 본다. 그러나 노는 건 쉬는 게 아니다. 여행 끝나고 우리의 모습을 그려보자. 기차에서, 비행기에서, 차에서 우리는 어떤가? 아무리 좋은 곳을 보고 와도, 아무리 맛있는 음식을 먹어도, 아무리 즐거운 레저를 즐겼어도 곯아떨어진다. 쉬었다면 에너지가 넘쳐야 하는데 말이다.

사람들은 싫어하는 일을 하지 않으면 쉴 수 있다고 착각한다. 그래서 공부를 멈추고, 일을 멈추고, 그 시간에 웃음 나는 무언가를 채운다. 쉬는 시간이 되면 곧바로 유튜브에 접속하고, SNS를 구경하고, 게임을 한다. 조금 더 적극적으로는 산책을 나가고, 교외로 떠나고, 영화관이나 캠핑장을 향하기도 한다. 그리고 말한다. 잘 놀았는데 왜 이렇게 피곤하지?

우리의 몸은 스마트폰과 같다. 배터리가 닳는다. 그런데 충전한답시고 재밌게 놀면 어떤 일이 벌어질까? 게임을 하고 사진 촬영을 하고 친구와 메신저로 대화를 한다면? 배터리는 더욱 빠르게 닳을 것이다. 즐거움은 우리를 충전하지 못한다. 자극을 줄 뿐이다.

스트레스 수준을 측정하는 도구인 사회 재적응 평가척도는 사람들의 에너지를 갉아먹는 스트레스 원인을 나열하고 있다. 이때 아이러니한 것은 스트레스 원인 중 휴가, 크리스마스, 결혼, 이사와 같은 행복한 일도 포함되어 있다는 것이다.[20] 우리는 부정적인 사건을 스트레스라고 생각한다. 그러나 나쁜 일이 곧 스트레스는 아니다. 스트레스는 '변화'다. 인생에 변화가 찾아올 때, 그것이 좋은 일이든 나쁜 일이든 달라질 때, 그래서 변화에 적응해야 할 때 우리는 스트레스를 받고 에너지를 쓴다. 진짜 충전이 필요하다면 우리는 변화가 없는 삶에 머물러야 한다. 아무것도 하지 않고 자극을 받지 않고 가만히 있어야 한다. 멈출 때 진정한 쉼이 찾아온다. 좋은 일도, 나쁜 일도.

휴식의 사전적 정의는 하던 일을 멈추고 쉰다는 뜻이다. 여기서 포인트는 '멈추고'에 있다. 동영상의 일시정지 버튼을 누르듯 뇌를 잠시 정지 상태로 머물게 해야 한다. 우리 몸에는 신기하게도 자가 충전 시스템이 마련되어 있어서 충전기를 꽂지 않아도 시간이 지나면 자연히 충전된다. 눈을 감고 침대에 누워 아무것도 하지 않거나 불을 끄고 소파에 앉아 멍 때리거나. 단, 방전될 일을 해선 안 된다. 가만히 있어야 한다. 그래야 충전이 된다.

물론 가만히 아무것도 하지 않는 것은 보통 어려운 일이 아니다. 사람은 본래 자극이 없이 견디지 못하는 존재기 때문이다. 몇 해 전 유튜브 채널을 개설한 적이 있다. 십 분 정도의 강의 영상을 몇 개 올렸다. 사람들의 큰 관심을 기대한 나는 곧 충격에 쓰러질 뻔했다. 가장 먼저 달린 댓글이 이랬기 때문이다. X발, 말 X나 많네. 그날로 나는 유튜버의 꿈을 접었다. 세상은 점점 빨라지고 있다. 빠르고 세고 자극적인 무언가를 추구한다. 교육도 마찬가지다. 어떤 내용이 궁금하면 본론만 당장 말하길 바란다. 구구절절 서론이 긴 정보는 분노를 유발한다.

바야흐로 도파민 중독의 시대다. 뇌의 신경전달물질 중 하나인 도파민은 쾌락을 경험할 때 분비된다. 도파민이 팡팡 터지면 기분 좋게 흥분된다. 뇌는 이런 때를 잘 기억해 두었다가 쾌락에 젖기 위해 같은 행동을 반복하게 한다. 맵고 짠 음식을 주문하고, 자극적인 메뉴를 먹는 사람의 영상을 하염없이 본다. 성인용 미디어를 찾아보거나 성행위를 끊지 못한다. 높은 곳에서 집어 던지는 와인 병 깨지는 장면을 보고, 반복되는 음악과 적절히 맞는 춤추는 영상에 몸을 두둠칫 같이 흔든다. 이런 자극과 마주할 때 도파민은 우리를 기쁘게 한다. 뇌는 쉬지 않고 각성되고, 각성되고, 각성된다. 이런 시대에 살면서 차분하고 고요하게 사유하는 삶은 점점 사라지고 있다. 우리 뇌는 그런 삶을 참지 않는다. 대신 이렇게 외친다. 아니, 그거 말고 더 빠르고 자극적인 것을 달라고!

처음으로 온전한 쉼을 경험한 건 우연이었다. 첫 장거리 운전 후 도착한 강연장의 분위기는 뜨거웠다. 내향형 강사가 세 시간 동안 에너지를 쏟고 나니 기운이 쭉 빠졌다. 운전대를 잡고 돌아오려는데, 내 머릿속에 이런 소리가 들렸다. 야, 엥꼬 났다. 어릴 적 기름이 떨어져 차가 멈추려 할 때 아빠가 했던 말, 그 말이 왜 떠올랐을까? 주유 경고등에 불이 들어왔다. 차 말고 내 몸에. 나는 멈추기 직전이었다. 그러나 기름을 넣는 대신 출발을 강행했다. 정신을 똑바로 차리자. 걸그룹 플레이리스트를 틀었다. 흥이 나서 운전할 때마다 찾는 노래였다. 입에서 탄식이 튀어나왔다. 아우, 시끄러워. 처음 느껴보는 감각이었다. 좋아하던 자극마저 피로했다. 음악을 끄고 고요함 속에 그저 엑셀과 브레이크를 밟으며 집으로 돌아왔다. 그제야 살 것 같았다.

사람이 정말 지치면 시키지 않아도 온전한 쉼 모드로 들어간다. 보기도, 듣기도, 움직이기도 싫어진다. 아무 힘이 없어 침대에 누웠다가 기절하고는 깜짝 놀라 일어난다. 그때 느낀다. 몸이 가벼워졌음을. 그러나 이렇게 기절하듯 쉼에 빠지는 것은 위험 신호다. 지나친 피로 상태라는 경고다. 번아웃에 빠지면 중요한 변화가 인생에 찾아올 때 대처할 에너지가 부족해 무너진다. 정말 지치기 전에 주기적인 충전, 바로 온전한 쉼을 해야 한다.

하지만 사람들은 살 만할 때는 쉬질 않는다. 충전 대신 자극을 찾는다. 뇌는 손에 명한다. 빨리 도파민을 분비할 무언가를 찾아! 손은 TV 리모컨을 향하고, 넷플릭스에 접속하는 마우스를 향하고, 유튜브에 접속하는 스마트폰을 향한다. 무엇이 되었든 우리는 잠시 멈추는 것을 해내지 못한다. 그땐 최소한의 자극에 집중해 '덜' 그러나 '제법' 온전한 쉼에 들어가야 한다. 방법은 간단하다. 작은 감각에 집중해 뇌를 속이는 것이다. 생각을 최대한 줄이고 멍 때릴 수 있는, 변화가 없는 자극에 집중하기. 예를 들면 이런 것들은 어떨까?

비 내리거나 모닥불 탁탁 터지는 영상 보기
하루 10분 아무것도 하지 않기
샤워기 아래서 하염없이 물 맞기
자연의 소리에 집중하기
타오르는 촛불 한참 바라보기
자기 전 전자기기 금지하기
반복되는 단순 작업하기(예, 뜨개질)

자기만의 온전한 쉼은 일상에서도 찾아볼 수 있다. 지그소 퍼즐일 수도 있고, 설거지일 수도 있고, 수건 접기일 수도 있다. 흰 종이에 하염없이 패턴을 그릴 수도 있다. 일단 작은 행동을 반복하다 보면 뇌는 잠시 쉰다. 우리에겐 그런 시간이 필요하다. 노는 것은 그 이후에 하면 된다. 100% 충전이 완료된 후에.

 서서히 짙어지는 초록, 적당히 느긋한 태양 아래, 쉼이 우리를 부른다. 지금은 멈출 때, 충전할 시간이다. 6월은 쉼의 계절이다.

내 분노의 주인은 누구인가

"닭꼬치 얼마예요?" "사천만 원!" "하. 하. 입금했어요." "얼마?" "사천 원이요." "에헤이~ 사천만 원이라니까." 사장님의 시덥지 않은 농담이 말꼬리를 잡았다. 더위에 좁아터진 시장 골목의 열기까지 더해져 웃음이 나오지 않았다. 기다림의 시간은 점점 늘어나고, 모여 있던 손님들은 하나둘씩 봉투를 들고 떠났다. 하지만 내 사천만 원짜리 닭꼬치는 감감무소식이었다. 사장님이 날 보더니 물었다. "뭐 드릴까?"

수면 위로 해무가 자욱한 부산은 진심으로 아름다웠다. 아주 잠시 동안만. 꿉꿉한 공기가 온몸을 감쌌고, 찜통 같은 공기에 불쾌지수가 치솟았다. 맛있는 거 사서 빨리 숙소로 들어가자, 이 희망으로 버텼는데 주문이 누락되었다니. 화가 치밀어 올랐다.

높은 온도와 습도는 나쁜 감정의 트리거다. 짜증, 적대감이 드세지고 공격적 행동도 증가한다. 본격적인 여름은 7월부터라지만, 나에게 가장 최악의 더위는 지금부터다. 빵빵한 에어컨 덕분에 추울 지경인 7월과 달리 실내도 실외도 더우니까. 여름인데 여름이라 부르지 못하는, 6월이야말로 힘든 여름이다. 그런 6월이라서 고작 닭꼬치 때문에 내 안에 악한 존재가 깨어났다.

감정은 감정마다 나름의 기능이 있다. 어떤 감정이든 나타나면 우리는 그 감정을 유지하거나 해소하기 위해 행동하는데, 그 행동이 우리를 이롭게 하기 때문이다. 특히 화나는 감정은 우리를 지킬 때도 있다. 허준호 배우의 유명한 일화가 있다. 그는 2009년 뮤지컬 홍보차 일본에 방문했다. 이때 한 일본인 기자가 행사의 취지와 관련 없는 무례한 질문을 던졌다. 독도는 누구 땅이냐. 이 질문을 받은 허준호 배우는 자리에서 내려왔다. 그리고 기자의 볼펜을 빼앗았다. 기분이 어떠세요? 허준호의 역질문에 기자는 사과했다. 그가 보여준 분노로 우리 국민은 위로를 받았다.

분노는 나의 것을 빼앗기거나, 손해를 강요받을 때, 통제 불가능한 상황에서 나타난다. 선하지 않은 세상에서 어떤 사람들은 분노를 참다가 손해를 본다. 제대로 말하지 않으면 내 것을 지킬 수 없게 된다. 가장 앞장 서서 세상을 바꾸는 자가 누구인지 살펴보자. 분노하는 자들이다. 때로는 분노가 불공평한 세상을 살만한 곳으로 바꾼다.

분노가 문제가 되는 이유는 분노가 적절하게 기능하지 않고 마음을 지배하기 때문이다. 도구가 아닌 결과가 될 때 분노는 쓸모없는 감정이 된다. 필요 이상으로 화를 내거나 짜증을 부리는 것처럼 분노가 문제를 해결하지 않는 방식으로 드러나면 감정에 잡아먹혀 자신을 망가뜨리고 관계를 무너뜨린다. 그럼 우리는 어떻게 분노를 다스려야 할까.

분노 정도 인식

―――

참거나 표출하지 않고 쓸모 있게 분노하려면 몇 가지 질문을 던져야 한다. 첫 번째 질문은 이렇다. 화가 날 만한 상황인가? 감정은 상황을 왜곡한다. 한걸음 떨어져야 바르게 보이는 법이다. 그러나 대부분은 화가 날 만한 상황이니 화를 낸다. 기다려도 나오지 않는 닭꼬치는 분노 유발의 자격이 있다.

그럼 다음 질문으로 넘어간다. '이만큼' 화가 날 만한 상황인가? 분노 점수를 0에서 10점까지 범위로 정하자. 도저히 참을 수 없는, 이를테면 아이를 잔인하게 학대한 양부모의 범죄 사실을 알거나, 끔찍한 연쇄 살인범을 떠올렸을 때의 분노를 10점이라 한다면 지금 내가 처한 상황은 몇 점 정도인지 따져본다. 그리고 나는 몇 점 정도로 화를 내고 있는지 비교해본다.

감정을 객관화해야 한다. 상황에 대한 객관적 분노와 내가 반응하는 주관적 분노 사이에 차이가 크면, 별일 아닌 상황에 긁힌 내 모습을 발견하게 된다. 적절한 분노는 건강히 기능하지만, 필요 이상의 분노는 이성을 마비시킨다. 이때 세 번째 질문을 던진다. 이렇게 화가 나는 다른 이유가 있나?

심리학자 앤더슨과 앤더슨은 게임을 가지고 흥미로운 실험을 진행했다. 먼저 전반전 게임이 끝난 후, 승자가 패자에게 소음 벌칙으로 짜증을 유발했다. 그리고 후반전에서 두 사람의 역할을 바꾸었다. 패자였던 참가자는 승자가 되어 똑같이 복수할 수 있게 되었는데 이때 권한이 한층 업그레이드되어 소음의 강도까지 조절할 수 있었다. 연구진은 후반전이 시작되자 실험실 온도를 조절했다. 그러자 예상대로 더울수록 참가자들은 소음의 강도를 더 세게 키웠다. 더위는 필요 이상에 분노를 유발해 공격성까지 일으킨다.[21] 실험에서 놓치지 말아야 할 점은 전반전이다. 전반전의 패자는 이미 불쾌할 대로 불쾌해진 상태였다. 화가 날 만한 상황이었고, 화를 낼 권리를 얻었다. 만약 화가 나지 않는 상태에서 공격권을 주었다면 더위 때문에 더 강하게 공격했을지는 알 수 없다. 하지만 화가 난 상태에서 온도는 자기 역할을 분명히 한다.

분노 원인과 실제 감정 사이에 차이가 크다면, 그 차이를 만든 요인을 인지해야 한다. 더운 날씨나 높은 습도, 피로나 나쁜 컨디션은 나쁜 감정을 고조시킨다. 그 사실을 깨닫기만 해도 필요 이상의 분노는 가라앉는다.

분노 행동 파악

나쁜 감정은 문제가 없지만 나쁜 행동은 문제가 된다. 질문으로 분노를 정확히 인식했다면, 다음은 어떤 행동으로 대응하는지를 봐야 한다.

분노가 존재하는 이유는 문제 해결에 있다. 이익을 침해받거나, 손해를 강요당하거나, 통제권을 잃을 때 자신의 권리를 지켜야만 분노가 역할을 다한다. 만약 분노 행동이 문제를 해결하지 못하면 그 행동은 틀린 행동이다. 분노에 불을 끄기 위해 우리는 세 가지 방식 중 하나를 선택할 수 있다. 참거나, 상대를 공격하거나, 자기를 비난하거나. 이 행동이 다음 세 가지 답을 주는지 보자. 그렇지 않다면, 분노가 기능하는 대신 분노에 삼켜진 것이다.

    이 행동으로 무언가 얻을 수 있다.
    이 행동으로 손해를 피할 수 있다.
    이 행동이 상황을 바꿀 수 있다.

분노 조절

어떤 사람은 화를 내기 위해 화를 낸다. 지금 화가 얼마나 났는지를 타인에게 알리고 싶고, 모두가 불편해지길 원한다. 부러 무례한 표정을 하고, 쌀쌀맞은 말투를 쓴다. 사과를 해도 받지 않고, 상황이 해결되어도 씩씩거린다. 화를 내는 목적이 화내기 그 자체가 되면 이겨도 이긴 느낌이 들지 않는다. 얻는 것도, 지키는 것도 없는 행동이다.

반면에 소리를 지르기 전 깊게 심호흡을 하고 이성적으로 생각하는 길도 있다. 상대에게 양해를 구하고 잠시 자리를 비운 뒤 화가 난 부분에 대해 솔직히 말하거나, 때로는 중요하지 않은 문제에서 빠르게 눈을 돌려 다른 상황에 몰두할 수도 있다. 성숙한 태도로 문제를 해결할 수 있을 때, 분노의 주인이 나라는 확신이 든다. 앞으로 화가 나도 잘 조절하겠다는 자신에 대한 믿음, 효능감이 생긴다. 이 패턴이 익숙해질 때 우리는 능숙하게 분노를 조절할 수 있다.

갑오징어는 평소 표면이 매끄러운 갈색이었다가, 화가 나면 얼룩무늬로 바뀐다. 암컷 갑오징어는 화가 많은 오징어를 싫어하기 때문에 수컷 갑오징어는 구애할 때만큼은 최대한 침착한 상태를 유지한다. 하지만 이런 상태는 만만해 보여서 경쟁자를 끌어들이고 결국 공격 모드로 돌변하게 만들어 암컷을 실망시킨다. 그런데 바로 이때! 암컷이 화가 난 수컷 오징어에게 돌아설 때 놀라운 장면이 펼쳐진다. 갑오징어가 아수라 백작처럼 반으로 나뉘기 시작하는 것이다. 정확히 반으로 갈려서 암컷에게 보이는 쪽은 갈색, 경쟁자가 보고 있는 반대쪽은 얼룩무늬가 된다. 그래서 암컷은 온화한 수컷을, 경쟁자는 분노하는 수컷을 보게 된다. 이게 바로 분노 조절이구나, 표면이 반으로 나뉜 오징어를 보고 깨달았다. 나를 지키면서도 소중함을 잃지 않는 균형. 우리에게는 오징어만도 못한 순간이 얼마나 많은가.

해운대 시장에서 나는 화가 났다. 화가 날 만한 상황이었다. 아, 됐으니까 그냥 환불해줘요, 소리치고 싶었다. 하지만 사장님은 진심으로 사과를 건넸다. 누구나 실수는 하는 법. 그냥 몇 분만 기다리면 해결되는 일이었다. 돈을 잃는 것도 아니고 닭꼬치를 잃는 것도 아니고 별일 아니었다. 숙소로 돌아왔다. 샤워를 개운히 마치고 에어컨 아래 앉아 닭꼬치를 한입 물었다. 입가에 미소가 번졌다. 먹어본 닭꼬치 중 손에 꼽히는 맛이었다. 나는 결국 원하는 모두를 얻었다. 에어컨 그리고 닭꼬치. 분노가 나를 삼켰다면 느끼지 못할 행복이었다.

'쇄락'이라는 단어가 있다. 뿌릴 쇄洒 혹은 (햇볕에) 쬘 쇄洒에 떨어질 락落으로, 뜨거운 여름날 마당에 뿌린 물로 열기를 식히듯, 몸과 마음이 상쾌한 상태가 된다는 뜻이다. 더운 날이 다가오면, 펄펄 끓는 아스팔트처럼 마음이 끓는다. 그때 미련한 사람은 불을 더 지피고, 지혜로운 사람은 물을 끼얹는다. 누구의 마당에 머물고 싶은지, 고민할 필요가 있을까?

식욕의 심리학

 기온과 옷의 부피는 반비례한다. 6월이 되면 옷이 얇아지고 슬슬 두꺼운 옷으로 숨겨놓은 지방이 빼꼼 존재감을 드러내기 시작한다. 다이어트 생각을 멈출 수 없는 때가 온 것이다. SNS 광고를 보니 별별 제품이 다 있다. 사실 내 몸에 붙은 건 지방이 아니라며 독소를 빼면 다 해결된다는 디톡스 제품부터, 탄수화물을 아무리 먹어도 이 가루만 먹으면 모조리 분해가 되어 사라진다는 신기한 효소까지. 이렇게 간단히 살을 뺄 수 있다니, 고민 없이 구매 버튼을 누르고 만다. 그런 날 보며 남편이 말한다. 살을 빼려면 먹지 말아야지, 뭘 자꾸 더 먹으려고 해.

 살을 빼지 못하는 이유는 당연히 식욕 때문이다. 몸은 솔직해서 먹은 만큼 움직이면 유지되고, 먹은 것보다 움직이면 날

씬해진다. 먹은 만큼 움직일 자신이 없으면 움직일 만큼만 먹어야 한다. 하지만 움직이는 것도 먹지 않는 것도 자신이 없다.

다이어트는 생각만으로도 스트레스다. 세상 모든 문제의 근원인 스트레스는 다어어트에서도 적이 된다. 스트레스를 받으면 우리 몸은 대처 자원을 모으기 시작한다. 평소에 쓰지 않던 초인적 에너지를 준비한다. 에너지원은 음식이다. 스트레스 상황에서 느끼는 배고픔은 감정적 허기emotional hunger이기 때문에 배가 고프지 않은 상태에서도 더 많이 먹게 된다. 결국 살을 빼야 하지만, 살 빼야 한다는 강박이 스트레스를 유발해 다시 다이어트를 방해하는 셈이다.

다이어트에 최대 적인 매운 탄수화물은 스트레스 상황에서 가장 간절해진다. 여기에는 심리 생물학적 원인이 분명한데, 먼저 매운맛이 당기는 이유는 엔도르핀 때문이다. 엔도르핀은 우리 몸이 만드는 천연 진통제다. 신체적 고통뿐 아니라 스트레스 같은 심리적 고통을 줄이는 데도 효과적이다. 매운맛은 엔도르핀 분비를 자극한다. 매운맛은 미각이 아닌 통각이기 때문이다. 진통 호르몬은 고통에 반응하고, 매운맛은 고통을 준다. 그래서 매운 음식을 먹으면 엔도르핀이 나오고 기분이 나아진다고 착각하게 된다.

게다가 탄수화물은 세로토닌 방출을 돕는다. 세로토닌은

우울증 환자에게서 가장 불안정하게 방출되는 신경전달물질로 감정을 조절하는 역할을 한다. 그런데 탄수화물을 먹으면 세로토닌이 분비되니 우리 몸은 또 이 메커니즘을 활용한다. 빵을 찾고, 면을 찾고, 과자를 찾아 감정 조절을 시도하는 것이다. 우리가 떡볶이, 마라탕, 매운 칼국수, 닭갈비에 볶음밥 추가를 선호하는 건 살을 빼겠다는 스트레스가 만든 계략이다. 어쩌면 살을 빼겠단 생각을 하지 않을 때 오히려 살을 빼기가 쉬울지 모르겠다. 매운 음식과 탄수화물을 끊으면 스트레스와의 악순환 고리가 끊어질 수 있을까? 그러나 이 과정은 단순히 의지로 해결하기는 쉽지 않다.

다이어트 중단을 부추기는 또 다른 요인은 우리의 뇌가 허용하는 보상이다. 이는 하루의 고된 삶을 마무리하며 스스로에게 상을 주고자 하는 본능에서 비롯된다. 친절한 뇌는 살이 쪄도 예쁘다고 말하는 남자친구처럼 자꾸 먹어도 된다고 말해준다. 지친 하루를 지나면 보상심리가 발동하기 마련이다. 오늘만큼은 나에게 상을 주라고. 이왕 주는 상이면 평소보다 거하게, 헤비하게! 그러나 돌이켜보면 힘들지 않은 날은 없어서 대부분의 저녁 시간은 기름진 보상이 함께한다. 뇌가 허락한 보상을 받으려면 차라리 다른 선물로 대체하자. 옷이나 책을 사고, 유료 결제로 벼르던 영화를 볼 수도 있다. 그렇게 다른 방식으로 나를 위로한다면 적게 먹고도 괜찮을 것이다. 하지만 가장 큰 쾌락이 먹기인 나에게는 잘 통하지 않는 방법이어서 또 다른 방법을 선택한다. 바로 **단위 편향**unit bias 이용하기다.

단위 편향이란, 일단 '한 개'라는 단위가 정해지면 그만큼이 가장 적절한 양으로 판단되는 사고다.[22] 종이컵에 믹스커피가 반쯤 담겨 있으면 한 잔으로 먹기에 딱 좋다. 하지만 근처 카페에서 1L 아이스 아메리카노가 1,500원에 팔고 있으면 그것도 한 잔이 된다. 음식에 대한 단위 편향은 강력하다. 손바닥만 한 접시에 고급 음식이 나와도 식사 한 끼로 그만이고, 커다란 쟁반에 수북이 쌓인 음식도 한 끼로 해치울 수 있다. 고기에 후식에 볶음밥까지 1인 세트라면 그것도 한 끼가 된다. 우리는 한 끼로 정해진 양에 만족할 수 있다. 그럼 그 단위 자체를 작게 쪼개면 된다.

음식 먹기를 오늘의 보상으로 결정했다면 1인분 접시를 정해놓는 것이 좋다. 배달 음식을 먹든 요리를 직접 하든 그 접시에 담길 만큼만 먹기로 정한다. 남은 음식을 내일도 먹는다고 생각하면 보상이 두 배가 된다. 접시는 이왕이면 한 끼 정도로 보이면서 적당히 아쉬운 양이어야 한다. 간장 종지만큼 작으면 적게 먹었다는 보상심리가 또 찾아오기 때문이다.

이렇게 저렇게 애를 쓴다 해도 어려운 상황이 있다. 바로 약속이 많을 때다. 늘어지는 단순 작업도 친구와 함께하면 속도가 붙듯이 우리는 혼자 있을 때보다 함께 있을 때 뭐든 더 열심히, 잘, 많이 하는 경향이 있다. 사회심리학에서는 이런 현상을 **사회적 촉진**social facilitation이라 부른다. 사회적 촉진은 음식을 먹을 때도 작동한다. 혼자서는 짜장면 한 그릇만 먹어도 충분하지만, 친구와 함께 할 때는 짜장 하나, 짬뽕 하나, 탕수육 하나를 시켜야 마음에 안정이 찾아온다. 배가 불러도 기계적으로 일을 하듯, 남은 음식에 무의식적으로 계속 손이 간다. 먹는 것도 열심히, 잘, 많이 먹게 되는 것이다. 친구를 끊을 수 없다면 먹는 약속 대신 움직이는 약속을 잡는 것도 방법이다. 등산을 가거나 달리기를 하거나 가벼운 산책이라도 친구와 함께라면 더 열심히, 잘, 많이 걷게 된다. 칼로리를 더 소비할 수 있다. 물론 주의할 점이 있다. 누군가의 입에서 많이 움직였으니 뭐라도 좀 먹자, 이 말이 나오는 순간 모든 노력은 헛것이 된다. 아무리 오래 걷고, 뛰고, 난리를 쳐도 삼겹살 한 판이면 원복은 금방이다.

이쯤에서 슬픈 이야기를 하나 꺼내려 한다. 모든 이야기를 차치하고서 사실 살이 안 빠지는 이유는 그렇게 태어나버렸기 때문이다. **고정점 이론**set point theory에 따르면 몸매에도 일종의 운명이 있다. 쉽게 말해 저마다 생물학적으로 결정된 몸무게가 '이미' 있다. 우리 몸은 자동 지방 조절 장치를 갖추고 있어서 정해진 조절점을 벗어나면 그 지점으로 돌아오게끔 되어 있다.[23] 물론 최근에는 환경에 따라 조절점이 변화 가능하다고 하지만 새로운 조절점으로 굳는 데까지는 엄청난 노력이 필요하다. 어쩌면 그 노력은 영원히 지속해야 한다. 영원히 노력할 만큼 가치가 있는지는 생각해볼 문제다.

우리는 외모에 대해 지나치게 강압적인 문화에 살고 있다. 날씬함의 기준은 현실보다 엄격해서 보편적인 체형인데도 마르지 않으면 마치 문제가 있는 것처럼 비추어진다. 요즘 아름다움의 기준은 '마른 몸'을 넘어 '개말라족'이라는 극단적 형태로 나아가고 있다. 하지만 정말 살을 빼야 하는 몸인지, 사회적 시선이 만든 기준에 갇힌 것인지 한 번쯤 질문이 필요하다. 우리가 지향해야 할 상태는 날씬함이 아니라, 적당함이다.

우리는 종종 스스로를 돼지처럼 과식하는 존재로 낮춰 본다. 그러나 과식하는 유일한 동물은 돼지가 아닌 인간이다. 짐승은 허기를 채우기 위해 먹지만 인간과 사회화된 동물만이 쾌락을 위해 음식을 먹는다.

배부른 돼지가 될 것이냐, 배고픈 소크라테스가 될 것이냐.

배고픈 소크라테스, 괴로운 인간은 스트레스를 받고, 의지력이 약해지고, 많이 먹다가 결국 괴로운 돼지가 되고 만다. 나는 적당히 먹고 적당히 통통하고 행복한 돼지가 되어도 좋다.

6월의 마음사전

쇄락
洒落

뜨거운 여름날 마당에 뿌린 물로 열기를 식히듯,
몸과 마음이 상쾌한 상태가 된다는 뜻이다.
내 마음에 불을 지필지, 시원한 물을 뿌릴지 결정하는 것은
결국 나 자신이다.

6월의 할일

하루 10분 아무것도 하지 않고 가만히 있기

화가 날 때 잠시 멈추고
아래 세 가지를 생각하자

화를 내면 무엇을 얻을 수 있을까
지금 화를 내면 손해를 피할 수 있을까
화를 내는 것으로 상황을 바꿀 수 있을까

7
| 월 |

모든 것이 성장하는 달

당신의 삶에 뜨거운 고난이 찾아온다면 안심하길.
잘 가고 있다는 증거니까.

햇볕이 우리에게 주는 것들

늘어난 난닝구 차림으로 신문을 보는 아빠와 그 옆에서 파란 날개 선풍기에 입을 대고 아아아 소리를 내는 나. 목소리가 선풍기 바람에 깨져 아, 아, 아 하고 갈라진다. 더워서 베란다의 차가운 타일에 누우면 머리 위로 나무가 구름처럼 덮여 보였다. 초록이 되어버린 나뭇잎은 흔들흔들했고 그때마다 틈 사이로 햇빛이 부서졌다. 여름 하면 떠오르는 소중한 장면이다.

쨍한 볕은 여름의 상징이다. 뜨겁다 못해 따갑다. 정신없이 여름을 즐기고 돌아오면 볕이 피부를 벌겋게 익혔고, 며칠 지나면 피부가 벗겨졌다. 볕은 고통을 주지만 그런 볕을 미워할 수만은 없다. 볕이 주는 선물이 놀라우니까. 여름의 볕은 세상을 싱그럽게 만든다. 식물은 온통 초록이 되어 무럭무럭 자란다. 겨우내 앙상했던 가지를 놀랍게 부풀리고, 황무지였던 공원을 무릎까지 올라오는 수풀로 가득 차게 바꾼다. 죽은 듯 보이더니 새 생명을 얻고 울창해진 식물들. 고작 볕을 받았을 뿐인데, 어쩜 그렇게 무럭무럭 자랐을까. 뜨겁고 힘들지 않았을까. 식물과 그들이 받는 볕을 보고 내 삶에 내리쬐는 고통을 떠올린다.

라디오에 출연하게 되었다. 드라마와 영화 속 인물을 심리학으로 분석하는 코너였다. 호기로운 도전과 달리 곧 시련이 닥쳤다. 말로만 듣던 악플러 입장. 방송이 시작되자 채팅창에 악플러 한 명이 도배를 시작했다. 거든요? 거든요? 거든요? 나에게는 나도 모르는 습관이 있었다. 거든요, 로 말을 끝내는 습관. 누군가 그 말투를 계속 따라하며 비아냥거렸다. 반복되는 악플을 받으며 점점 위축되었다. 스튜디오 앞에 서면 오스스 소름이 돋고, 머리가 하얘졌다. 방송이 시작되고 나도 모르게 거든요를 말해버리면 말문이 막혔다. 이대로 모든 걸 포기하고 싶었다. 그러다 문득 오래전 기억 속으로 들어가게 되었다.

시련이 찾아올 때 어떻게 대처하나요? 첫 직장 면접 때 받은 질문이었다. 나는 씩씩하게 대답했다. 찌질한 영웅이 나오는 영화를 봅니다. 내가 가장 사랑하는 캐릭터는 〈트랜스포머〉의 샘이다. 〈트랜스포머〉는 지구를 침공하려는 디셉티콘과 그것을 막으려는 오토봇, 두 로봇 세력의 전쟁을 다룬 영화다. 이때 샘은 우연히 친구가 된 오토봇의 로봇 범블비를 돕는 주인공이다. 샘은 어리바리하고 숫기도 없다. 몇 번이나 도망갈까 고민도 한다. 하지만 마침내 해내고 만다. 내가 이 영화에서 가장 좋아하는 장면이 있는데, 디셉티콘이 샘을 따라오려 할 때 샘이 스스로에게 되뇌는 장면이다. 그는 이렇게 혼잣말을 뱉는다. 이들이 계속 나를 따라온다는 건, 나에게 해낼 힘이 있다는 뜻이야.

나는 악플러의 집요한 괴롭힘에 오랜 시간 우울을 떨치지 못했다. 방송과 맞지 않는다는 좌절은 점점 자라서 말하는 일을 하지 말아야겠다는 극단적 형태로 바뀌었다. 그러다 깨달았다. 맞아, 나는 샘이었지. 나는 시련이 찾아올 때마다 그랬듯 되뇌었다. 이런 일이 찾아온다는 건 나에게 해낼 힘이 있어서야. 찌질해 보여도 내가 주인공이야. 주인공에게는 원래 시련이 찾아와 성장 기회가 되는 법이야.

방송 모니터링을 하며 악플러의 말이 맞는지 아닌지 확인부터 시작했다. 말투만의 문제가 아니었다. 나의 말은 생각보다 빠르거나 느렸고, 톤은 너무 높거나 때로는 낮았다. 너무 지루하거나 들떠 있기도 했다. 그날부터 주변 사람들에게 칭찬 대신 솔직한 평가를 부탁했고, 강의를 촬영해서 매일 되감아

봤다. 말투를 고치기 위해 몇 번이고 리허설을 했다. 그리고 몇 달 뒤 강의평가에서 만난 반가운 메시지. 강사님 말투 좋아요. 라디오 듣는 것처럼 행복했어요.

수년간 샘의 대사를 되뇌며 시련을 기회로 삼아오던 나는 놀라운 사실을 발견했다. 영화 〈트랜스포머〉에 그런 대사가 나오는 장면이 없던 것이다. 영화를 다시 보면서 만난 샘은 그저 시종일관 불안한 소년 자체였다. 그럼 내 마음에 각인된 그 메시지는 뭘까? 어쩌면 영화를 보는 내내 나를 닮은 샘에게, 아니 샘을 닮은 나에게 건넨 내면의 목소리 아니었을까? 용기를 주는 메시지는 언제나 자기 안에 있다.

얼마 전 엄마가 된 친구가 있다. 그 친구는 어린 시절 내내 다투는 부모 밑에서 자랐다. 부모가 다툴 때마다 마음에 흠집이 났는데, 그건 엄마가 아빠에게 하는 말 때문이었다. 엄마는 아이를 낳은 게 후회된다 했다. 아이만 없었어도 당신과 당장 이혼했을 거라고. 친구는 늘 자신이 태어나서 부모가 불행하다고 자책하며 살아왔다.

많은 사람이 이런 상처를 받는다. 그 상처를 품고 살아간다. 자신은 사랑받을 자격이 없다며 결혼도 거부하고, 좋은 부모가 될 자신이 없다며 자녀를 낳지 않는다. 그러나 친구는 달랐다. 친구는 상처를 간직하는 대신 이렇게 다짐했다. 내 아이에게는 절대 상처 주지 않겠다고, 나는 부모와 달리 좋은 엄마가 될 수 있을 것이라고. 그래서 친구는 아이에게 매일 말해준다. 태어나줘서 고마워.

어떤 상처는 자신을 잊지 말아 달라고 애원한다. 같은 일이 또 일어날 거란 불안을 싹틔우며 트라우마를 자라게 한다. 트라우마는 내일로 걸어 나가는 문고리를 걸어 잠근다. **외상 후 스트레스 장애**post-traumatic stress disorder, PTSD에 빠지는 것이다. 반면에 우리는 고통을 선물로 받아들일 수 있다. 아픔을 통해 의미를 찾고 새로운 가치관을 세우며 더 나은 행동을 배워 좋은 사람이 될 수 있다. **외상 후 성장**post-traumatic growth, PTG이라는 현상이다.[24] 외상 후 성장은 단순히 트라우마를 회복하는 데서 멈추지 않고 외상을 통해 이득을 얻는다. 몰랐던 장점을 발견하고, 강점을 더 키워 인생에 새로운 희망을 그린다.

말미잘에 숨어 사는 귀여운 물고기가 있다. 니모로 알려진 흰동가리다. 흰동가리는 말미잘 깊숙이 새끼들을 숨기고 보호를 받는다. 이런 고마운 말미잘을 위해 언제나 주변을 청소하는데, 가끔 시련이 찾아온다. 화산암 조각이 해류를 타고 흘러 들어오는 것이다. 화산암은 양이 너무 많아 아무리 치워도 주변을 뿌옇게 만든다. 초보 아빠 흰동가리는 엄청난 시련이 닥친 듯 당황하는데 그 모습이 제법 귀엽다. 사실 자연의 섭리를 볼 때 이 일은 희소식이다. 곧 쏟아진 부석이 영양분을 방출하고 이 영양분이 새끼와 환경을 살릴 것이기 때문이다. TV를 보면서 말해준다. 걱정 마, 차라리 잘된 일이야! 귀여운 니모야.

우리는 초보 아빠 니모를 닮았다. 나쁜 일이 쏟아져 들어오면 망연자실에 빠진다. 트라우마는 모든 걸 무너뜨리는 듯 보이기 때문이다. 하지만 시간이 지나면 깨닫게 된다. 트라우마가 자양분이 되는 자연의 섭리도 있다는 것을. 고통은 시야를 새롭게 열고, 보이지 않던 가능성을 보여준다. 뙤약볕 아래 식물이 무성하게 자라듯 고통 아래 우리는 단단하게 자란다.

괴로움이 없는 삶을 살 수 있다면 나는 얼마를 주고서라도 결제할 것이다. 그러나 여름볕을 완전히 피할 수 없듯 따가운 일은 이따금 찾아온다. 고통이 찾아올 때 스스로에게 묻자. 이 어려움은 나에게 무엇을 줄 수 있을까? 용기 가득한 내면의 목소리를 듣고 한 걸음 더 나아가자.

게임하다 적이 자꾸 나타나면 바른길로 가고 있는 거라는 말을 좋아한다. 당신의 삶에 뜨거운 고난이 찾아온다면 안심하길. 잘 가고 있다는 증거이니까.

공포를 극복하는 법

더위를 식히는 데 공포영화만큼 탁월한 방법이 있을까? 에어컨 온도를 내리고 팝콘을 준비하고 집에 불을 다 끈 뒤 영화를 튼다. 좀비, 귀신, 자연재해, 오컬트까지. 현실과 동떨어진 세상에 빠지면 식은땀이 절로 난다. 땀이 식으며 체온이 떨어진다. 여름인데, 춥다!

어린 시절, 그날도 가족들과 TV 앞에 모여 앉아 납량특집을 즐기고 있었다. 제목은 기억나지 않지만 내용은 대충 이랬다. 한 여자가 강에서 실종되었다. 그리고 몇 년 후 물속에서 여자 얼굴이 보인다는 소문이 돌았다. 지나가던 한 남자가 물에서 수상한 기운을 느끼고 다가갔다. 그러자 물속에 얼굴이 나타났다. 검푸른 입술이 말을 걸었다. 너도 여기로 들어올래? 그 장면은 어린 마음에 강하게 각인되었다.

시간이 흘렀다. 나는 거짓말처럼 그 장면을 잊고 살았다. 그러다 친구들과 계곡을 갔는데, 어쩐지 물이 찝찝하게 느껴졌다. 모두 첨벙첨벙 물속에 들어가 노는 데도 발만 담그고 있었다. 그러다 맑은 물위로 비치는 내 얼굴과 눈이 마주쳤다. 낯설었다. 창백하고 뒤틀린 모습이 마치 얼굴을 빼앗긴 듯 느껴졌다. 그날 밤 나는 꿈에서 물속 얼굴과 다시 만났다. 얼굴이 말했다. 너도 여기로 들어올래?

아직도 나는 투명한 물을 보는 게 무섭다. 강렬한 경험은 단순한 기억으로 남지 않는다. 삶의 많은 장면에 등장하며 그 당시를 떠오르게 하고 때로는 두려움에 사로잡히게 한다. 남들에겐 즐거운 휴양지가 나에게 무서워진 이유가 뭘까. 심리학 강의를 듣던 중 알게 되었다. 물 공포증, 아니 정확하게는 물속 얼굴 공포증이 생긴 것이다.

특정 공포증specific phobia이 생기면 합리적이지 않은 공포반응이 나타난다. 남들 다 즐기는 바다에서 귀신 얼굴을 떠올리는 것처럼 말이다. 공포증의 대상은 뱀, 불, 피에로, 귀신, 높은 곳처럼 누구나 두려워하는 것일 수도 있고 상자, 모서리, 돌고래처럼 뜬금없는 대상일 수도 있다.

공포fear는 원래 우리를 보호하는 감정이다. 위험을 경계해 다치지 않도록 한다. 어둠을 두려워하지 않으면 밤에 위험한 일을 당할 수 있다. 불을 겁내지 않으면 화상을 입을 수 있다. 공포는 안전하게 우리를 지키는 마음속 슈퍼맨이다. 하지만 제아무리 슈퍼맨이어도 시도 때도 없이 나타나 과잉보호를 한다면 피곤해질 것이다. 이게 바로 공포증이다. 심리학에서는 공포증이 생기는 이유를 **고전적 조건형성**classical conditioning으로 설명한다. 고전적 조건형성에서는 종소리, 조명처럼 큰 감흥을 주지 않는 자극을 **중성 자극**neutral stimulus, 굉음이나 눈부신 불빛을 보고 깜짝 놀라는 것처럼 자동 반응을 부르는 특별한 자극을 **무조건 자극**unconditional stimulus이라 부른다. 중성 자극은 무조건 자극과 여러 번 짝지어지면 연결고리가 생기는데, 그땐 중성 자극만 봐도 무조건 자극에 대한 반응이 나타난다. **조건 자극**conditional stimulus이 되는 것이다. 어떤 노래를 사랑하는 사람과 같이 들은 적이 있다면 나중에 그 노래만 들어도 설레는 것처럼 말이다.

공포증이 생기는 원리도 마찬가지다. 무섭지 않던 자극이 무서운 자극과 연결되면, 무서운 자극이 없어도 무섭게 된다. 물속 얼굴이 나타나지 않아도 물이 나를 두렵게 하는 것처럼 말이다. 이 원리는 행동주의 심리학자 왓슨의 실험으로 증명되었다. 왓슨은 의도적으로 공포반응을 유도할 수 있다고 믿었다. 그는 앨버트라는 아기를 대상으로 실험을 했다. 아기는 실험실에서 흰쥐를 마주하게 되었다. 쥐는 앨버트에게 중성 자극이었고, 아무런 반응도 이끌어내지 못했다. 그때 연구진이 쇠망치로 금속 파이프를 강하게 내리쳤다. 굉음에 놀란 앨버트는 울음을 터뜨렸다. 쥐와 굉음, 쥐와 굉음, 쥐와 굉음은 계속해서 동시에 등장했다. 어느덧 앨버트 마음에는 쥐와 굉음이 짝지어졌고, 쥐만 봐도 경기를 일으키기에 이르렀다. 심지어 쥐와 비슷한 털을 가진 모든 대상을 두려워하기 시작했다. 실험으로 탄생시킨 첫 공포증이었다.[25]

공포증은 공포 대상과 연결고리가 생겨 나타난다. 반대로 연결고리가 끊어지면 사라진다. 연결을 어떻게 끊을 수 있을까? 어린 시절 개에게 물렸던 사고로 개를 무서워하게 된 아이가 성인이 되었다. 그 뒤로 우연히 몇 마리의 강아지를 봤는데, 순하고 얌전하고 귀엽기까지 했다. 개는 무는 존재다,라는 연결고리를 잊고 개는 귀여운 존재다,라는 새로운 연결고리가 그에게 생겼다. 이후 더 이상 개가 무섭지 않았다. 이처럼 어떤 연결고리는 다른 연결고리가 생기면서 자연히 끊어진다.

하지만 정말 강렬한 사건은 여러 번 반복되지 않아도 두꺼운 연결고리가 생기고 결코 쉽게 끊어지지 않는다. 이를테면 엘리베이터에 갇혀 죽을 뻔한 사람은(그런 가능성은 정말 적지만) 문이 닫히는 모든 공간을 두려워하고, 교통사고로 크게 다

쳐본 사람은 자동차를 타지 못한다. 단 한 번의 경험이라도 강렬하게 각인되면 그 연결고리를 끊기가 어렵다. 일상이 어려워지기도 한다. 이럴 때는 적극적 치료가 필요하다.

큰일을 겪으면 몸의 모든 기관이 각성된다. 심장이 뛰고 소화기관이 멈추고 근육에 힘이 들어간다. 그러면 몸에 힘을 빼야 한다. 몸에 힘을 빼는 법은 단순하다. 숨만 잘 쉬어도 된다. 3초 정도 숨을 깊게 들이마신다. 그리고 뱉지 말고 3초를 더 마신다. 처음 숨이 폐에 가득 차고, 두 번째 숨은 손끝과 발끝까지 공기가 퍼진다. 근육에 힘이 점점 빠진다. 이제 숨을 길게 내뱉는다. 몸속에 공기가 모두 사라질 만큼. 힘이 축 빠지듯 몸이 이완된다. 가쁜 심장이 침착해지고, 근육이 풀린다. 몸이 이완되면 고조된 감정도 한층 누그러든다.

체계적 둔감화 systematic desensitization 는 숨으로 몸을 이완시켜 두려움을 마주하는 공포증 치료 기술이다. 방법은 쉽다. 먼저 두려움의 대상을 단계별로 나눈다. 가장 만만한 두려움에서 가장 끔찍한 두려움까지. 그리고 가장 만만한 두려움부터 마주한다. 이때 호흡을 깊게 마셨다, 길게 뱉는다. 여러 번 반복하면 두려움으로 각성된 몸이 이완되고 감정도 잦아든다. 더이상 이 대상이 두렵지 않으면 다음 단계를 마주한다.

고소공포증을 예로 들면, 먼저 높은 곳의 단계를 정한다.

높은 곳에도 레벨이 있다. 잡을 데 없는 산꼭대기 낭떠러지는 최고 수준이다. 바닥이 투명한 전망대나 출렁다리도 제법 무섭다. 아파트 옥상은 이에 비하면 비교적 안전하고, 그림 속 산은 우습다. 그림 1단계를 그림 속 산으로 정한다. 그림 속 산을 보고 몸을 관찰한다. 반응이 오면 숨을 쉰다. 두려움이 사라질 때까지. 몸의 요동이 사라지면 다음 단계로 넘어간다. 그림이 아닌 사진 속 산. 또다시 호흡하고 별것 없네, 싶으면 이번엔 상상으로 아파트 옥상을 올라가본다. 다시 호흡. 두렵지 않으면 실전이다. 아파트 옥상에 직접 올라가본다. 그리고 호흡. 극복하기 어려운 단계에 마주할 때까지 이 방식을 반복한다. 인간은 적응의 동물이다. 뭐든 계속 마주하면 감흥이 떨어진다. 같은 공포영화도 계속 보면 지루하다. 공포증이라고 다르지 않다.

누구에게나 두려운 대상은 있다. 단순한 공포 대상일 수도 있고, 충격으로 인한 깊은 상처일 수도 있다. 두려움을 마주하는 건 도망가는 것보다 어렵다. 하지만 조금씩 직면하고 호흡으로 다스리다 보면 어느새 괜찮아질 것이다.

오늘 당신에게 가장 만만한 두려움은 무엇인가? 무리하지 말고 딱 한 걸음만 내딛자. 우리는 공포를 극복할 수 있다.

돈 쓰다 발견한 행복의 공식

호텔 침대에 드러누워 배달 어플을 훑어본다. 익숙한 프랜차이즈 메뉴에 구미가 당긴다. 언제나 옳은 치킨이 후보로 올랐다. 곁들일 감자튀김을 시킬지 말지 고민하는 그때 남편이 말한다. 다 합쳐도 삼만 원밖에 안 돼. 그냥 시켜! 삼만 원이 '밖에'라니… 하는 마음이 튀어나오려는데 식욕이 입을 틀어막는다. 다 남길 걸 알면서도 양껏 메뉴를 담는다.

여행지에 도착하면 괜히 너그러워진다. 인색한 마음을 잠시 내려놓게 된다. 닭강정 한 상자도 못 먹을 거면서 거기에 떡볶이도 사고 튀김도 산다. 특산물 디저트도 일단 사고 과일도 산다. 덕분에 숙소에는 남은 음식이 태반이지만 아깝지 않다. 우리는 여행 중이니까. 여행은 지갑을 무방비 상태로 만든다. 왜일까? 여행지는 원래 비싸기 때문이다. 평소 한 끼 만 원이

넘으면 손을 벌벌 떨지만, 여행지는 원래 삼만 원 이상 줘야 한다. 로마에 가면 로마법을 따르고 여행지에 가면 여행지 메뉴판을 따라야 한다. 평소 기준은 잠시 치워버린다. 쉽사리 돈을 쓰게 된다.

이 정도 가격이면 적당하다, 라는 기준은 어떻게 세우게 될까? 과거에는 커피 하면 달콤한 믹스커피가 떠올랐다. 그 세대의 어른들에게 커피는 종이컵에 담긴 흑갈색에 따뜻한 음료였다. 가격은 백 원 정도면 적절했다. 물론 잘 찾아보면 오십 원짜리 커피도 있고, 기분 좀 낼라치면 이백 원짜리 고급 커피를 마실 수도 있었다. 어쨌든 백 원에서 크게 벗어나지 않았다.

그런 어른들에게 젊은 세대는 사치꾼이다. 커피 한 잔을 몇천 원이나 내고 사 먹다니, 돈 귀한 줄 모르는 꼴이다. 그러나 젊은 세대가 처음 접한 커피는 아메리카노. 스타벅스를 시작으로 퍼져나간 커피 열풍은 커피의 적절한 가격대를 새롭게 형성했다. 한 잔에 삼천 원 정도. 물론 저가 테이크아웃 커피는 이천 원, 시그니처 커피는 팔천 원도 한다. 어쨌든 이제 커피값의 수용 범위는 딱 그 정도가 되었다.

배가 항구에 도착하면 닻을 내린다. 닻이 일단 한 지점에 고정되면 배는 연결된 줄의 길이만큼만 오락가락한다. 마음 계산기에도 닻이 있다. 일단 기준을 한 지점에 내리면 그 주변에서 왔다 갔다 범위가 정해진다.

적절한 커피값에 대한 세대 간 기준이 다른 것은 저마다 내린 닻이 다르기 때문이다. 믹스커피는 백 원대에, 아메리카노는 삼천 원대에 가격의 닻이 내려졌다. 물가가 올라 조금씩 이동했지만, 적절하다 생각되는 금액은 여전히 그 근방에서 왔다 갔다 한다. 믹스커피는 오십 원에서 오백 원 정도면 적당하지만, 아메리카노는 천 원에서 오천 원이 적당해 보인다. 일단 한 번 마음에 기준이 내려지면 결정은 그 금방에서 크게 벗어나지 못한다. 이처럼 처음 입력된 정보가 이후 의사결정과 판단에 영향을 주는 현상을 **앵커링 효과**anchoring effect라 한다.

한여름에 백화점을 갔다가 겨울 이월상품 할인 행사 제품을 보게 되었다. 관심 있던 디자인의 코트가 이십만 원이었다. 살까, 말까? 계획에 없던 소비라 굳이, 하며 넘어간다. 하지만 이렇게 되면 이야기가 달라진다. 1,000,000원 → 200,000원. 아니 백만 원짜리가 이십만 원이면 거의 거저 아니야? 아직 입으려면 몇 달이나 남은 코트는 이미 쇼핑백에 담겨 손에 쥐어져 있었다. 이십만 원짜리 코트에는 좋다 나쁘다 기준이 없다. 필요하지 않기에 선택에도 배제된다. 그러나 정가 백만 원이라는 닻을 보는 순간 코트의 값어치는 결정된다. 아무리 범위를 낮춰도 팔십만 원 정도면 저렴할 것이다. 그런데 그 범위보다 한참 못 미치는 가격이라니 현저히 싸다고 느끼게 된다. 닻이 된 정가가 할인가를 사도 되는, 아니 사야 하는 금액으로 판단하게 만드는 것이다.

상점에는 팔리지도 않을 고가 제품이 가장 잘 보이는 곳에 전시된다. 대신 상점 내에는 상대적으로 저렴한 제품들이 즐비해 있다. 사람들은 밖에서 보이는 고가 제품을 통해 가게의 값어치를 높게 정한다. 그리고 가게 안에서 만난 저렴한 제품은 상대적으로 더 저렴하게 느낀다. 비싸고 질 좋은 가게에서 저렴한 제품을 얻는다는 착각을 하게 된다.

마음의 닻은 어떻게 내려질까? 닻은 전시된 상품의 가격이나, 가격표에 붙은 숫자처럼 우연히, 그러나 강력하게 결정된다. 트버스키와 카네먼은 고등학생들에게 어렵지 않은 곱셈 문제를 풀도록 했다. 이때 한 집단 학생들에게는 $1 \times 2 \times 3 \times 4 \times 5 \times 6 \times 7 \times 8$의 값을 구하라고 하고 다른 집단 학생들에게는 $8 \times 7 \times 6 \times 5 \times 4 \times 3 \times 2 \times 1$의 답을 구하라 했다. 시간을 길게 주진 않았다. 5초. 시간이 부족한 학생들은 답을 찍어야 했다. 실험 결과는 흥미로웠다. 1부터 숫자를 본 집단은 평균 512로 답을 찍었고, 8부터 숫자를 본 집단은 평균 2,250으로 찍었다. 먼저

제시된 숫자가 작을수록 더 낮은 숫자를 찍은 것이다.[26]

그런데 그들이 찍은 답은 어느 정도 정답에 가까웠을까? 호기심이 많은 독자라면 계산해봤을 것이다. 이 수식의 정답은 40,320이다. 512든 2,250이든 어림도 없이 적은 수다. 왜 그럴까? 두 집단 모두 1 혹은 8인 한 자리 수에 닻을 내렸기 때문이다. 처음 본 숫자가 두 자리나 세 자리 수였다면 찍은 답은 세 자리나 네 자리로 커졌을 것이다.

이런 현상은 세상을 보는 시선도 설명할 수 있다. 큰 단위로 세상을 보는 사람에게는 큰 세상이 보이고, 작은 단위로 세상을 보는 사람에게는 작은 세상이 보인다. 당신은 어떤 세상을 보고, 어떤 세상에 살아가는가?

세상은 무자비하게 닻을 내린다. 이 세상이 좋은 곳인지 아닌 곳인지. 정신을 똑바로 차려도 우리는 종종 그 기준에 휩쓸린다. 우리나라에서 성공의 닻은 어디쯤에 자리를 잡고 있을까? 좋은 대학 입학하기, 대기업 취업하기, 공시 합격해 안정적인 직업 찾기, 1등 되기. 이런 것이 성공이라 여기고 있지 않을까? 세상이 변해서 성공의 방식은 다를지라도 결과에 대한 기준은 여전하다. 슈퍼카를 몰고, 리버뷰 아파트에서 살기. 구하기 힘든 명품 가방을 방 한쪽에 쌓아두고, 끝없는 크기의 집 자랑하기. 월 천 이상의 수입을 공개하고, 고급 호텔에서 외식

하기. 실존하는지 아닌지 알 수 없는 존재들이 SNS에는 넘쳐난다. 그들은 성공의 닻이 되어 우리를 동떨어진 존재로 만들어버린다.

이석원 작가를 사랑하게 된 이유는 『보통의 존재』라는 책 때문이었다. 그 책의 제목은 특별하고 거창한 일을 이루라고 말하는 세상에 반항하고 있었다. 보통의 존재라는 말은 그 자체로 위로가 되었다. 세상은 아주 도드라지지도, 너무 뒤처지지도 않은 사람들이 채우고 있다. 그러나 성공에 대한 기준이 드높은 곳에 닿아 있기에 보통의 삶은 실패한 삶으로 그려진다. 우리는 만족의 닻을 더 낮은 곳에 내려야 한다. 보통의 삶이 실패한 삶이 아니라, 실패하지 않는 삶이 성공인 것으로.

기준을 높게 잡고 살아가는 사람들이 있다. 이를테면 모든 점수들을 5점 만점에 3점만 주는 사람들. 배달 음식도 별 세 개, 새로 산 옷에도 별 세 개, 내 책에도 별 세 개!!! 내용은 좋다 극찬하면서도 절대 만점은 주지 않는다. 어지간히 뛰어나지 않고서는 말이다. 영화나 드라마를 보면서도 연기가 어떻다, 스토리가 어떻다 따지는 사람이 있다. 그들에게 작품 감상은 결코 만족을 주지 못한다. 나는 모든 작품을 그럭저럭 재미있게 본다. 기대를 낮추면 즐거운 순간이 많아진다. 만족은 그 자체에서 오는 게 아니라 그것을 바라보는 마음에서 결정된다. 우리는 만족의 기준을 내릴 수 있다. 닻을 옮기면 작은 것에도 기뻐할 수 있게 된다.

 — 너 여행이 왜 즐거운지 아냐?
 — 그야, 좋은 데를 많이 다니니까 그렇겠지.
 — 아니야, 돈을 많이 써서야. 여행에서 쓰는 돈을 평소에도 써봐라, 즐겁나 안 즐겁나.

여행지에서 우리가 너그러워지는 이유는 여행지는 비싸다는 마음의 닻을 내리고 있기 때문이다. 우리는 특별한 곳에서 특별한 경험을 위해 아끼지 않는다. 평소에는 감히 쓸 수 없는 금액을 기꺼이 쓰고 누린다. 그러니 행복하지 않을 수 있을까?

일상에서도 여행하듯 돈을 쓰면 인생은 여행처럼 즐거워질 것이다. 그런데 일상의 닻은 더 저렴해서 적은 돈으로도 누릴 수 있다. 여행지에서의 큰돈을 아껴 일상의 소소한 즐거움을 더해보는 건 어떨까? 인생이 무료할 땐 유료 결제를 하라는 말처럼 오늘은 매일 집에서 내려 먹는 커피 대신, 카페에 가서 아메리카노도 한 잔 시키고, 달콤한 쿠키도 추가해보자. 우리에게는 아주 거하지 않은, 그러나 분명히 기분 좋은 선물이 필요하다. 나에게 인색하게 굴지 않는 것, 일상에 행복을 발견하는 작지만 확실한 방법이다.

> 7월의 마음사전

외상 후 성장
post-traumatic growth, PTG

트라우마 사건이 지나가고, 그 경험에서 의미를 찾아 새로운
가치관을 세우거나 더 나은 행동을 배우는 것.
트라우마는 '외상 후 스트레스 장애(PTSD)'를 가져오기도 하지만
'외상 후 성장(PTG)'으로 우리를 이끌기도 한다.

7월의 할일

'그럭저럭'의 행복을 느껴보기

　　그럭저럭 재밌어도,
　　그럭저럭 맛있어도 괜찮다.

한여름 납량 특집의 날을 정해
무서운 영화 관람하기

　　좀비, 귀신, 자연재해, 오컬트 뭐든!

8
| 월 |

일희일비하는 달

파도가 올 때 도망가는 대신 점프를 해.
그러면 빠지지 않아.

파도타기의 기술

튜브 없는 해수욕은 정말 무섭다. 하지만 겨드랑이가 튜브에 걸쳐지면 몸이 조금 더 높게 떠서 얕은 물에도 발이 닿지 않아 더 무섭다. 처음 맨몸으로 바다에 서 있었던 때가 생각난다. 거추장스러운 튜브를 내팽개치자 파도가 기다렸다는 듯 밀려왔다. 나는 뒤돌아 모래사장을 향해 달렸다. 파도는 물살을 거스르는 나보다 늘 빨라서 뒤통수를 정면으로 때렸고 나는 계속해서 물을 먹었다.

여러 번 그런 일을 당하고 수영을 포기하려는데, 아빠가 말했다. 파도가 올 때 점프를 해. 그러면 빠지지 않아. 파도가 오길 기다리다 박자에 맞춰 뛰었다. 점프. 몸이 파도에 실려 오르락내리락했다. 놀라운 경험이었다. 파도를 타니 파도가 나를 삼키지 않았다.

인생에도 파도가 밀려온다. 그것은 이따금, 혹은 아주 자주 찾아온다. 어떤 잘못을 하거나 실수를 해서 찾아오는 건 아니다. 자연이 바람을 일으켜 파도를 만들 듯, 세상은 어려움을 일으켜 고난을 만든다. 그러나 감당해야 하는 건 억울하게도 온전히 우리 몫이다. 그때 우린 도망칠 수 있을까? 전혀. 파도는 도망가는 우리의 뒤통수를 덮칠 것이다. 코와 입에 소금물이 들어와 더 아플 것이고 중심을 잃고 쓰러질 것이다. 우리는 도망가는 대신 다른 선택을 할 수 있다. 파도를 타기. 두둥실.

파도를 타려면 파도를 있는 그대로 인정해야 한다. 그러나 우리는 작은 파도를 쓰나미로 보고 겁을 낸다. 균형만 잡으면 될 일인데, 지레 겁을 먹고 도망간다. 도망가다 넘어져 더 크게 다친다. 마크 트웨인은 이렇게 말했다. "내 인생은 끔찍한 불행으로 가득 찼다. 물론 실제로 일어난 일은 극히 드물지만." 우리가 괴롭게 정의하는 삶은 현실이 아니다. 현실이 아님에도 우리는 충분히 고통받는다. 그렇다고 믿으면 그렇게 느껴지기 때문이다.

나쁜 상념이 나를 흔들 때는 상념이 현실이 아님을 인정한다. 내가 그 생각을 하고 있구나, 그저 인식해본다. 이를테면 이렇게 말이다. 내 인생은 불행해, 에서 멈추는 대신 내 인생은 불행하다고 내가 생각하고 있구나, 생각하는 것이다. 나는 멍청해, 에서 멈추는 대신 나는 멍청하다고 내가 생각하고 있구나, 생각하는 것이다. 역시 이럴 줄 알았어, 에서 멈추는 대신 역시 이럴 줄 알았다고 내가 생각하고 있구나, 생각하는 것이다. 생각이 늘 사실인 것은 아니어서 생각이라는 것을 인지하기만 해도 부정할 힘이 생긴다. 나는 지금 이렇게 생각하고 있어, 하지만 그게 사실은 아니잖아? 하고 말이다.

내가 해결할 수 있는 인생의 파도
―

고난은 세 종류가 있다. 내가 해결하는 것, 시간이 해결하는 것, 해결 못 하는 것. 무언가를 새롭게 배우면 내가 얼마나 멍청한 줄 알게 되고, 운동을 하면 내가 얼마나 나약한지 알게 된다. 하지만 멍청해 보이는 건 똑똑해지는 과정이고 나약해 보이는 건 튼튼해지는 과정이다. 부족함이 눈에 들어온다는 건 나아질 가능성이 보인다는 뜻이다. 우리가 처한 대부분의 어려움이 사실은 해결하는 과정 속 한 장면이다. 노력하는 것이 힘들어서 문제처럼 보이지만 문제는 풀면 그만이다. 풀 수 있는 문제를 푸는 일, 우리는 그 결과를 극복이라 부른다.

화불단행禍不單行, 불행은 혼자 다니지 않는다. 돈 쓸 일은 한

번에 생기고, 할일은 한 번에 밀리며, 이 사람 저 사람 동시에 나를 괴롭히고, 아플 땐 여기저기가 다 아프다. 갑자기 많은 문제를 맞닥뜨리면 압도되어 무너진다. 하지만 압도된다는 건 해결할 수 없다는 게 아니다. 엉킨 매듭은 당장에 보이는 부분부터 차근히 풀면 된다. 천천히 조금씩 풀다 보면 결국에 풀린다. 우리에게는 시간과 그 시간을 견딜 수 있는 여유가 필요하다.

시간이 해결해주는 인생의 파도

    십 년 차 경력직을 뽑는 자리에 들어가고 싶다. 그런데 지금 구 년 차다. 나는 실패한 걸까? 아니다. 일 년을 더 노력하면 된다. 이처럼 어떤 문제는 연륜과 경험, 그러니까 시간이 해결한다. 사랑하는 사람이 떠나 마음이 구겨졌을 때, 큰 실수로 신뢰를 잃었을 때, 다친 몸이 회복되어야 할 때도 마찬가지다. 오로지 시간만이 해결해줄 수 있다.

    내가 요리를 못하는 이유는 기다림에 미숙하기 때문이다. 약한 불에 오래 구워야 하는 음식도 냅다 센 불에 올려 곧바로 태워버리기 일쑤다. 조급하게 처리하면 일을 그르치게 마련이다. 엉망이 된 후에 다시 시작하면 더 늦게 도착할 수밖에 없다. 그럴 때는 더 차근차근 시간이 감당해주길 기다려야 한다.

시간이 해결하는 문제에서는 그 시간을 어떻게 보내는지가 중요하다. 기다리는 시간은 더디게 흐르고 그동안 불안이 엄습하기 때문이다. 이럴 땐 그 시간을 의미 있게 채워야 한다. 가스 불을 약하게 켜고 설거지를 하거나, 주방에 먼지를 닦는 것처럼 그 시간을 지루하게 기다리지 말아야 한다. 다른 일에 애쓰다 보면 그 순간이 찾아온다. 그때 많은 일을 이룬 자신이 기특해질 것이다.

해결할 수 없는 인생의 파도
———

몇 해 전, 희소 난치병 진단을 받았다. 그리고 얼마 후 나와 같은 진단을 받은 환우를 알게 되었다. 그는 아프다는 사실보다 아픔을 공감해주지 않는 사람에게 지쳐 있었다. 정확히는 분노에 차 있었다. 그러다 같은 처지인 나를 알게 되었고 매일 나에게 전화했다. 오늘은 얼마나 아팠는지, 얼마나 힘들었는지, 내내 고통의 감정을 내게 토로했다. 잠을 잘 수가 없고 통증이 점점 심해진다며 때로는 죽고 싶다고 했다. 내가 위로할 때마다 그는 거절했다. 우리에겐 희망이 없다고, 이렇게 사느니 죽는 게 낫다고, 우리는 영원히 낫지 못할 거라고 했다. 저주에 가까운 통화에 나는 영혼이 죽어감을 느꼈다. 조용히 그의 연락처를 삭제했다.

해결할 수 없는 문제를 붙들고 있으면 괴로움만 커진다. 그럴 땐 그저 받아들일 수밖에 없다. 그런 일이 찾아온 거라고. 그저 그렇게 된 거라고. 인정하고 나면 마음이 잠잠해진다. 할 수 없는 것에 더 이상 목메지 않을 때 할 수 있는 일을 볼 여유가 생긴다. 병을 치료할 수 없다면 병을 가지고 살아가는 방법을 찾게 된다. 통증을 줄이는 약을 찾고 악화되지 않도록 마음을 단련하면서.

답이 떠오르지 않는다고 시험 시간 내내 머리를 쥐어 짜내던 학생이 기억난다. 그 친구는 한 문제를 붙들고 있었다. 그러느라 뒷장에 있는 문제를 못 봤고 결국 낙제점을 받고 말았다. 정답이 보이지 않는 문제는 붙들고 있어 봐야 소용없다. 빨리 포기해야 다른 문제를 풀 수 있다. 포기는 때로 용기가 된다. 그 용기로 지킨 에너지가 다른 삶을 살게 한다.

나는 굉장히 일희일비하는 사람이었다. 예전에는 이런 내가 싫어 기복을 줄이려 애썼다. 좋은 일에도 기뻐하지 않고, 나쁜 일에도 시큰둥하게 굴려고 노력했다. 그렇다고 마음이 고요해지는 건 아니었다.

강의하는 삶을 살면 하루에도 몇 번씩 기분이 널뛴다. 한 사람은 강의 중 눈물을 흘리며 인생 강의였다고 감사를 표하면, 그날 밤 강의평가에서 또 다른 사람이 남긴 험한 말을 봐야 한다. 나는 이 일을 시작하고 더 일희일비하는 사람이 되었다. 그러나 그런 내가 좋아졌다. 일희일비를 반복하며 깨달은 점이 있기 때문이다. 이렇게 죽는 소리 하다가도 내일이면 또 좋다고 웃겠구나. 언제나 그랬듯이. 이제 나쁜 감정을 만나도 괜찮다. 일비가 오면 반드시 일희가 오니까.

감정은 파도와 같다. 물살이 세게 밀려오면 반드시 뒤로 빠진다. 계속 몰아쳐 들어오는 파도는 없다. 해안선은 늘 그 자리에 있다. 결코 더 깊어지거나 얕아지는 법이 없다.

서퍼는 파도를 보고 도망치지 않는다. 오히려 파도를 보고 있다 보드에 올라탄다. 몸은 흔들리지만 중심을 잃지 않는다. 나쁜 감정이 파도처럼 밀려올 때도 마찬가지다. 도망쳐도 소용없다. 감정에 올라타 보기도 하고 균형을 잡아야 한다. 흔들리겠지만 중심을 잡고 때로는 그 흔들림을 받아들이면서. 뻣뻣하게 서 있으면 넘어진다. 그러나 흔들리면 균형을 잡을 수 있다. 어떤 환경의 어려움에도 중심을 잡는 마음, 바로 **심리적 유연성**psychological flexibility이다.[27]

서핑에서 정말 위험한 건 파도가 아니다. 발에 묶인 보드다. 보드가 뒤집어져 머리라도 치면 정신을 잃고 물에서 헤쳐 나올 수 없다. 누군가 도울 수도 없다. 삶의 바다에서도 마찬가지다. 우리를 다치게 하는 건 문제 그 자체가 아니라, 그것을 이끄는 마음가짐이다. 마음가짐이 방향을 잃고 나를 해칠 때 그때가 가장 위험한 순간이다. 바다에서 살아남는 법은 파도를 두려워하는 게 아니라 내 마음이 나를 위험에 처하게 하도록 허락하지 않는 것이다.

인생에는 언제나 파도가 밀려온다. 피할 수 없고 거스를 수도 없다. 그러나 파도에 몸을 맡기면 즐길 수 있다. 서퍼는 파도가 거세지길 기다린다. 서핑을 배우면 파도는 재앙이 아닌 기쁨이기 때문이다.

기꺼이 도움받는 연습

정말이지 나에게 이런 일이 생길 줄은 꿈에도 상상하지 못했다. 시트콤도 아니고 말이다.

8월의 끝자락, 우리 가족은 제주로 여행을 떠났다. 숙소를 여러 번 옮겨야 했던 우리는 분주한 아침을 맞기 싫어 전날 밤 짐 일부를 차에 싣기로 했다. 짐을 모두 실어놓고 다시 방으로 올라가려는데 남편이 바지 사방을 난타질하기 시작했다. 카드키가 어디 갔지? 우리가 묵은 호텔은 무인에 가깝다시피 운영되는 곳이었다. 밤이 늦어 직원은 모두 퇴근한 상황이었고, 휴대전화도 없었다. 호텔은 외진 곳에 있어 편의점만 가려 해도 1km는 넘게 걸어야 했는데 주변에 가로등 하나 없어서 제대로 찾아가리란 보장도 없었다. 게다가 휴가의 끝자락이어서 호텔에 손님도 거의 없었다. 얼마나 없었느냐면 주차장에 우리 차를 제외하고는 딱 한 대만 더 있었을 뿐이다. 가만 있어 봐, 차 한 대? 긍정 회로가 돌아가기 시작했다. 차 한 대가 있다는 건, 여행객 한 팀이 어딘가에 있다는 것. 나는 그 차의 주인을 찾기로 했다.

호텔은 4층짜리 건물 세 동, 한 층에는 여덟 개의 호실이 있었다. 그러니까 96개의 객실 중 사람이 있는 객실을 찾아야 했다. 나는 방문을 하나씩 두드리며 미친 짓을 시작했다. 똑똑, 저기요... 대답이 없으면 다음 호실로, 똑똑, 저기요... 그렇게 두 번째 건물 3층에 도착했을 때, TV 소리가 새어 나왔다. 저기요! 인기척이 없었다. 그러나 이 방이 마지막 희망이라는 걸 알았기에 주먹질은 점점 거세졌다. 쾅쾅쾅! 저기요. 미저리처럼 문을 두드리자 사람 소리가 들렸다. 무슨 일이세요? 우리는 안타까운 사연을 전하며 휴대전화를 빌렸다.

그렇게 흥건한 땀에 젖은 채 방으로 돌아왔다. 우리는 한참 동안 멍하니 있었다. 이 외진 호텔에서 야밤에 갑자기 방문을 두드리는 미친놈이 있다? 누가 문을 열어주고, 누가 휴대전화를 빌려준다는 말인가. 그것을 도와준 그들도, 도움을 구한 나도 참 대단했다.

우리는 살면서 수도 없이 도움을 요청할까, 말까 고민한다. 거절당할 거라고 지레짐작하기 때문이다. 빈번한 거절을 당하고 나면 믿었던 세상을 불신하게 된다. 그런데 우리가 살아가는 사회는 저마다 너무도 바쁘다. 누군가를 돕기에는 나 하나 챙기기도 벅차다. 그래서 거절하고 거절당하는 순간이 많아진다. 악의라기보다는 모두 여유가 없어서인데, 거절당하는 것이 일상이 되면 도움을 요청하기에 주저하게 된다. 어차피 거절당할 텐데 뭐, 하고 말이다. 모든 사람이 나를 거절할 거라는 믿음은 몇 번의 경험에서 확대해석한 잘못된 신념이다. 사실 사람들은 본능적으로 누군가를 돕고 싶어 한다.

호감을 얻는 기술 중 하나는 조언 구하기다. 사람들은 누군가 자신에게 조언을 구하면 최선을 다해 상대를 도우려 한다. 조언해달라는 소리를 들을 때 우리는 자존감이 높아지고 대단한 사람이 된 듯 기분이 좋아진다. 도움 요청은 상대에게 도울 능력이 있다는 사실을 인정하는 것이기 때문이다. 우리는 힘이 없는 사람에게 병뚜껑을 열어달라고 하지 않는다. 도움을 요청받은 사람은 상대가 나를 신뢰하고 있다고 느낀다. 이 기분 때문에 시간과 노력을 쏟고 싶어진다.

도움을 받는 순간은 어디에나 있다. 헬스장에서 공짜로 PT를 받고 싶으면 내 체격에 맞지 않는 덤벨을 들고 소리를 지르면 된다. 그러면 너도나도 달려와 그렇게 하면 안 된다며 운동법을 알려준다. 운이 좋으면 연락처를 빼앗기고 헬스장 출퇴근 관리도 받게 된다. 좋은 사양의 PC를 사고 싶다면 컴퓨터에 관심 있는 사람들이 모인 커뮤니티에 접속한 다음 터무니없이 비싼 견적서를 올리며 괜찮냐고 물어보면 된다. 이제 자칭 타칭 전문가들이 달려와 당신이 호구 되는 길을 막아설 것이다. 인간은 이토록 오지랖이 넓은 존재여서 능력이 허락된 한도 내에서 기꺼이 도우려 한다. 나를 거절한 일부가 세상 전부를 대표하지 못한다.

도움을 받아본 적 없는 사람은 도울 줄도 모른다. 마음이 인색해진다. 안 주고 안 받는 삶이 편안해진 것이다. 그러나 안 돕고 살 순 있어도 도움받지 않고 살 순 없다. 도움의 징검다리를 밟아야만 건널 수 있는 하천이 우리 삶에 반드시 찾아온다. 무리해서 강을 건너려다가는 더 큰 위험에 처하게 된다.

그럼에도 우리가 도움 요청을 망설이는 이유는 민폐를 끼치기 싫어서일 테다. 그렇다면 민폐가 되는 부탁과 그렇지 않은 부탁이 있을까? 실제로 부탁은 두 종류가 있다. 그 종류에 따라 상대를 흔쾌하게 만들기도, 마지못하게(때론 격렬히 거부하게) 만들기도 한다. **의존적 부탁** dependent help-seeking은 자신에게 해결 능력이 없다고 생각하는 사람이 타인에게 모든 걸 떠맡기는 것이다. 레고 조립을 아빠에게 맡기고 완성품만 가지고 노는 아이나, 심각한 사고를 치고 수습을 상사에게 맡기는 직원처럼 말이다. 이런 부탁은 민폐다. 사람들을 불쾌하게 만든다. 자주 의존적 부탁을 하는 사람은 거절당할 일도 크다.

상대방에게 손해를 입히는 부탁은 더한 민폐가 된다. 돈을 대신 내달라고 하거나, 밀린 업무를 도와달라고 시간을 빼앗는 일처럼. 의존적 부탁은 관계의 균형을 무너뜨린다. 누군가는 손해 보고 누군가는 날로 먹는다. 그러니 이런 부탁에는 보상이 따라야 한다. 취업 준비에 여념 없는 복학생이 있었다. 그는 너무 바쁜 나머지 조별 모임에 참석할 수 없었다. 대신 매일 모임 때마다 조별 모임 동료들에게 돈을 보내 커피를 사 주었다. 덕분에 후배들은 조금도 불만을 품지 않았다. 적절한 보상은 의존적 부탁마저 기꺼이 수락하게 만든다.

진짜 건강한 부탁은 성장형이다. **자주적 부탁**autonomous help-seeking은 스스로 해결하려는 의지를 보여주며 약간의 도움이나 정보를 얻는 것이다. 보고서를 작성하고 선배에게 논리적으로 문제가 없는지 검토를 요청하거나, 더 깊게 공부하기 위해 교수에게 책을 추천받는 것처럼 말이다. 자주적 부탁은 부족함을 인정하면서도 나아지겠다는 의지를 보인다. 그리고 결과를 책임지려는 신뢰감까지 주므로 기꺼이 돕고 싶게 한다.[28]

그날 밤 카드키를 방에 놓고 난리가 났었던 여행 날, 세상을 바라보는 시각이 따뜻해졌다. 그런 마음 때문이었을까? 남은 여행 일정 내내 좋은 사람을 정말 많이 만났다. 마감을 이미 했지만 주문을 받아준 식당 주인은 서비스까지 주었고, 카페 아르바이트생은 강아지의 물그릇까지 챙겨줬다. 오고 가는 길에 마주한 여행객은 즐거운 여행 되라 눈인사를 건넸다. 가는 곳마다 환대받는 기분이었다. 내가 고백하자 남편이 대답했다. 늘 그 자리에 있던 사람들인데, 이제야 보이기 시작한 것 아닐까?

여행에서 돌아온 후 책 한 권이 출간되었다. 출간 소식을 듣고 아빠에게 전화가 왔다. 인터넷 서점에서 책 선물하는 법을 알려달라는 전화였는데, 자기 친구 스무 명에게 내 책을 선물하겠다고 했다. 계산해보니 너무 비쌌다. 그거 출판사에 주문하면 내가 더 저렴하게 살 수 있…. 아빠의 호의를 습관처럼 거절하는 내 모습이 나오려고 했다. 그러나 그렇게 하지 않았다.

책을 출간한 뒤로 주변인을 총동원해 성공을 응원받는 작가들을 보며 나는 입을 삐죽거렸었다. 작가가 말이야, 실력으로 책을 팔아야지. 그러나 그 볼멘소리는 사실 나도 도움받고 싶어, 사랑받고 싶어, 하고 징징거리는 내 안에 어린아이 목소리였다. 아빠의 책 선물은 단순한 소비가 아니었다. 그것은 나를 향한 응원이며, 나를 더 좋은 사람으로 성장시키는 자원이었다. 계속 도움받는 연습을 하기로 했다. 나는 아빠에게 기꺼이 책 주문 방법을 알려주었다.

나는 여전히 독립적인 사람이지만, 이제는 도움받는 법도 배우고 있다. 도움을 주고받으며 관계가 단단해지고, 세상이 조금 더 따뜻하게 보이기 때문이다. 도움을 요청하는 일에는 용기가 필요하다. 하지만 그 용기는 곧 세상과 연결되는 다리가 된다. 우리는 서로에게 기대고, 도우며 살아간다. 그래서 나는 다짐했다. 앞으로도 기꺼이 도움을 구하고, 기꺼이 도움을 주는 사람이 되기로.

여름과 인생은 생각보다 길다

하늘에서 뜨거운 기운이 쏟아지고, 여러 개의 다육 화분이 줄을 지어 서 있었다. 꽃집 앞, 아이는 잠시 걸음을 멈추었다. 꽃도 잎도 없고, 가시만 세운 퉁퉁한 외형이 열 살 인생의 아이를 닮아 있었다. 몹시 감정이입이 되어버린 아이는 쉽사리 자리를 뜨지 못하고 주머니 속에 꼬깃한 지폐를 꺼냈다. 결국 컵떡볶이를 포기하고 선인장을 들이기로 했다. 아이는 선인장을 분신처럼 아꼈다. 시원한 방 책상에 두고 사랑도 주고 물도 주었다. 흙이 모두 젖을 때까지 매일 듬뿍 물을 주고, 주고 또 주었다. 아이는 자신이 무슨 짓을 저지르고 있는지 깨닫지 못했다. 방에 썩은 내가 진동할 때까지. 고약한 냄새는 어디서 나는 걸까, 아이는 선인장에 말을 걸었다. 혹시 너야? 걱정 어린 손길로 선인장을 쓰다듬었다. 그때, 왈칵하고 선인장이 무너졌다. 멀쩡해 보이던 겉모습과 달리 속은 완전히 썩은 상태였다. 아직도 생생히 떠오르는 9살 때의 기억이다.

다육 식물이 건강히 자라려면 뜨거운 볕과 무관심이 필수다. 반면 고사리 같은 습지 식물은 축축하고 어두운 환경이 필수다. 만약 선인장을 습지 식물처럼 키운다면 어떤 일이 벌어질까? 잘못된 방식으로 이어진 사랑의 말로는 끔찍하다.

인격이 성장하는 과정은 식물 키우기와 닮았다. 선인장 같은 사람에게는 선인장에 걸맞은, 고사리 같은 사람에게는 고사리에 걸맞은 환경이 필요하다. 그러기 위해서 자신이 선인장인지 고사리인지 알아야 한다. 이것이 바로 **기질**temperament이다. 워싱턴 대학 의과대학 교수 클로닝거는 개인이 가진 고유한 특성을 기질로 정의했다. 아무리 뛰어난 식물 전문가도 선인장을 고사리로 바꿀 수 없듯, 타고난 기질은 바뀌지 않는다. 따라서 기질을 강점으로 만들 환경을 찾아야 한다. 보상에 관심이 많은 자극 추구 기질은 도전할 수 있는 환경이 어울린다. 처벌에 두려움을 느끼는 위험 회피 기질은 안전한 환경에서 역량을 뿜낸다. 상대의 의중을 잘 알아채는 사회적 민감성이 높은 사람은 관계 지향적 직업을 선택하는 게 좋고, 인내력이 높은 사람에게는 큰 목표를 성취할 수 있도록 격려해야 한다.[29]

우리는 모두 다르다. 인생에 정답은 없다. 나를 알고 나에게 맞는 삶을 추구해야 한다. 그러나 나답게 산다는 말은 자주 곡해된다. 이렇게 태어났으니까 생긴 대로 살 건데요? 하고 말이다. 변화와 성장은 다른 차원이 이야기다. 변화가 어려운 특성이 기질이라면, 기질이 환경과 만나 형성된 결과가 **성격**character이다. 기질이 씨앗이라면 성격은 씨앗이 자라난 모습이다. 선인장 씨앗은 장미나 소나무로 바꿀 수는 없지만, 선인장을 매가리 없이 키우는 대신 단단한 선인장으로 성장시킬 순 있다. 같은 기질도 어떻게 가꾸느냐에 따라 단단하고 균형 잡힌 모습으로 만들 수 있고 반대로 왜곡되거나 미숙하게 키울 수도 있다. 좋은 사람이 되려면 나답게 존재하되, 스스로를 건강하게 성장시켜야 한다. 변화는 불가능해도 성장은 가능하다. 그러기 위해 우리는 성격을 튼튼하게 키우는 법을 배워야 한다. 자율성의 뿌리, 연대감의 가지, 자기 초월의 꽃을 피우는 법 말이다.

뿌리 - 자율성

———

메뉴 하나를 골라도 선택을 미루는 사람이 있다. 너 먹고 싶은 것 먹어. 배려처럼 보이나 결정을 회피하는 태도다. 결정을 회피하면 이득이 따른다. 결과가 별로여도 책임지지 않아도 되는 것이다. 맛이 없었지만 내가 고른 게 아니니까. 그러나 비슷한 두 사람이 만나 서로 양보 랠리를 펼치다 보면 결국 둘 다 먹고 싶지 않은 엉뚱한 메뉴를 고르게 된다. 성숙한 사람은 한 번은 자신이 원하는 것을 말하고 다음번에 상대방을 위해 양보하는 사람이다.

자율성은 내 인생의 주인을 나로 여기는 것이다. 내가 주인이므로 모든 결정은 내가 한다. 저녁 메뉴를 고르는 사소한 일부터, 어느 학교에 진학할지, 어떤 전공을 선택할지, 어디에 취업할지, 누구를 만나고 결혼은 할지 말지. 모든 결정에 최종 승인을 직접 낸다. 성숙한 자율성에는 책임이 따른다. 식당에 음식이 잘못 나왔다고 가정해보자. 손님이 불만을 말하면 어떤 주인은 새로 가져다주거나 할인해주고, 실수를 책임지기 위해 손해를 감수한다. 결정에 책임을 지다 보면 실수는 자연히 줄어들고 결국에 성장한다.

반면 어떤 주인은 얼버무린다. 아이고, 저런. 이걸 어째. 어떻게 할까요? 하면서 결정을 손님에게 미룬다. 괜찮으니까 이번에는 그냥 먹겠다고 말해주시면 안 될까요? 라는 말을 숨기고, 이 뜻까지 손님이 알아서 알아채주길 바란다. 잘못은 했으나 책임은 지고 싶지 않은 마음은 성장할 수 없는 삶을 만든다.

자율성을 키우려면 작은 일부터 직접 결정해봐야 한다. 저녁은 뭘 먹을지, 옷은 무엇을 살지. 친구에게 묻기 전 스스로 답을 내려본다. 의존하지 않으면 오답을 선택할 수도 있다. 그래도 괜찮다. 다음에는 다른 선택을 배우면 된다. 직접 문제를 틀려야 오답도 적어지는 법이다. 결정하고 책임지는 순간이 많아질수록 현명한 사람이 된다.

가지 - 연대감

친구 자취방에서 떡볶이를 배달로 주문했다. 시간이 촉박했는데 예상보다 음식이 늦게 도착했다. 심지어 떡볶이는 국물이 쏟아진 상태였다. 우리는 배달 기사에게 화를 냈다. 그리고 그날 밤, 빵집에서 아르바이트하던 나는 낯익은 얼굴을 마주했다. 오전에 우리가 얼굴을 붉혔던 그 배달 기사가 빵을 사러 온 것이었다.

우리는 연결되어 있다. 아무리 느슨해도 언제 어떻게 만날지 모른다. 그런 의미에서 연대감은 인생의 주인이 모두 모여 우리를 이루는 것이다. 그래서 연대하는 사람은 나를 '우리'의 일부로 인정한다. 연대하는 세상에는 손해가 없다. 서로가 결픕을 채워 완성된다.

    이타적인 마음은 주는 만큼 받겠다는 계산적인 마음과는 다르다. 당장 흘려보낸 것이 돌아오지 않을 수 있지만 한 사람이 다른 사람에게, 다른 사람이 또 다른 사람에게… 이렇게 계속 건네다 나에게 돌아온다고 믿는 것이다. 나쁜 것을 흘려보내면 나쁜 게 돌아오지만, 좋은 것을 흘려보내면 좋은 게 돌아온다. 내 행동은 결국 나에게 돌아온다. 스쳐간 인연을 함부로 대해서는 안 되는 이유다. 느리더라도 반드시 찾아오는 것, 이를 믿고 기다릴 줄 아는 게 성숙한 어른의 관계다.

    연대하지 않으면 이기적인 삶을 살게 된다. 돌아온다는 믿음이 없기에 베푸는 것이 손해라고 느끼고 안 주고 안 받는 독립적 세계를 살게 된다. 그러나 아무리 유능한 사람도 모든 걸 스스로 할 순 없다. 연대하지 않으면 외롭고 버거운 전투를 치러야 한다.

    연대감을 위해 주위의 사랑을 인식해보자. 짐을 안고 가게를 나갈 때 문을 잡아 준 사람이나, 엘리베이터를 기다려준 사람처럼 사소한 도움부터, 뜨거운 여름 달궈진 미끄럼틀에 물을 뿌려놓은 어른, 폐지를 주워 모은 돈을 기부하는 어르신, 의식 잃은 사람을 구하려 달려든 시민들, 구급차가 울릴 때 길을 터준 도로의 운전자들처럼 사람을 살리는 일까지. 나와 관련 없는 이 마음이 언젠가 나에게도 흘러온다. 그 경험이 쌓이다 보면 함께하는 순간이 얼마나 잦은지 깨닫게 된다.

꽃 - 자기 초월

먼 우주에서 보이는 지구를 가만히 들여다보고 있으면 내가 얼마나 하찮은지 깨닫는다. 전체 세상을 볼 때 우리는 먼지 조각 같다. 그렇게 작은 먼지가 모여 인류가 되고 사회를 이루고 세상을 만든다. 나는 특별한 존재가 아닐지 모르나 중요한 일부가 된다. 자기 초월은 이를 인정하는 태도. 연대감이 자신을 인류의 한 부분으로 인정하는 거라면, 자기 초월은 자연, 세계의 일부로 자신을 인정하는 것이다.

자기 초월이 낮을 때 나는 나고 세상은 세상이 된다. 자연이 파괴되거나 말거나, 지구가 아프거나 말거나 관심 밖 일이 된다. 그러나 자기를 초월한 사람은 오늘 쓴 일회용 컵이 태평양에서 고래를 다치게 할까 걱정되고, 필요 이상의 육류 섭취가 지구를 더 뜨겁게 할까 두렵다. 더 나은 세상을 위해 참는 선택을 한다. 그것은 세상을 살리는 일이기도 하지만 세상의 일부인 자신을 살리는 일이기도 하니까. 결국 자기 초월은 나를 내려놓음으로 나를 지킨다.

우리는 어떻게 좋은 사람이 될 수 있을까? 삶의 주인이 되어 뿌리를 내리고, 함께 연결되어 가지를 펼치고, 세상을 위해 노력의 꽃을 피우는 사람은 성숙해진다.

중년을 대상으로 성격 심리 강의를 한 날이었다. 그 강연에서 기질대로 살면서 더 나은 사람이 되자는 이야기를 했다. 그러자 한 남자가 시큰둥하게 말했다. 다 늙어서 성숙하긴 뭘 성숙해. 얼마나 더 산다고. 그냥 대충 생긴 대로 살아. 강의장은 금세 웃음바다가 되었다. 나만 빼고. 대신 나는 며칠 전 내 모습을 떠올렸다.

여름 중반을 지나는 어느 날, 바쁜 일정에 여전히 겨울 이불을 덮고 자던 나는 밤마다 괴로워했다. 지금이라도 이불을 꺼낼까 고민을 했다. 그때 마음속 게으름뱅이가 속삭였다. 어차피 2주 지나면 가을이야. 귀찮게 뭘, 좀만 참아. 그러자 다른 목소리가 소리쳤다. 그래도, 하루라도 시원하게 사는 게 낫지 않겠어? 나는 벌떡 일어나 여름 이불을 꺼냈다. 쾌적했다.

인간은 아주 잠시라도 편안할 수 있다면 그 선택을 한다. 쉬는 시간에 잠시 구두를 벗어 뒤꿈치에 휴식을 주고, 고작 한 정거장 거리라도 빈자리에 악착같이 앉는다. 계산대에 서기 전엔 한 사람이라도 적게 선 줄을 찾고, 엘리베이터에서는 잠시라도 짐을 바닥에 내려놓는다. 일 년 아니라 일 분이라도 편할 수 있다면 그런 삶을 선택하는 게 인간이다. 2주든 하루든 시원한 이불을 덮을 때 행복한 존재가 인간이다. 현재의 안락함은 무엇보다 가치 있다.

그런데 성장하지 않으면 안락할 수 없다. 내면에 문제를 품고, 자신을 이해하지 못하고, 사람들과 갈등한다. 이룰 수 있는 곳에 도달하지 못하고 좌절하고 분노한다. 그러나 성장하는 사람은 결국 안락한 삶을 살게 된다. 유능하고 너그러우며 초연해진다. 물론 성숙하려 할 땐 수고가 따른다. 여름 이불을 꺼내는 것보다 더한 수고 말이다. 그러나 수고의 대가는 들인 품보다 크다. 작은 노력은 더 큰 행복을 가져다준다. 이것이 바로 아무리 나이를 먹어도 변해야 하는 이유다.

올여름은 생각보다 더 길었다. 9월이 다가와도 열대야가 계속되었다. 덕분에 이불을 즐기는 시간도 예상보다 길어졌다. 찬 이불에 몸을 비빌 때마다 이렇게 말했다. 이불 바꾸길 참 잘했어! 살면 얼마나 사느냐고 묻는다면, 이렇게 되묻고 싶다. 혹시 모르지 않는가. 여름이 생각보다 길었듯 우리 삶도 예상보다 더 길어질지. 지금 더 나은 나를 선택하면, 모든 순간 우리는 말할 것이다. 성격 바꾸길 참 잘했어!

☐ 8월의 마음사전

일희일비
―喜―悲

일비가 왔다면, 다음은 일희가 올 차례라는 뜻이다.
이 사실은 변하지 않는다.

8월의 할일

지금 나에게 닥친 고난을 분류하기

　　　내가 해결할 수 있는 것
　　　시간이 해결하는 것
　　　해결할 수 없는 것

타인의 도움을 기쁜 마음으로 받아들이기
강한 것보다 중요한 것은 친절함,
그리고 친절을 받아들이는 것

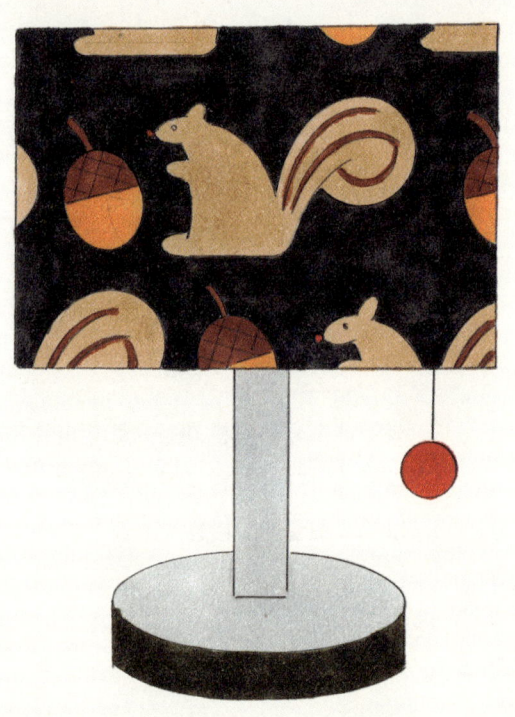

9
| 월 |

축제가 끝나는 달

마음이 가닿지 않을 때가 있다고 해도,
사랑은 진짜다.

가을, 결국 끝나는 무더위처럼

유난히 긴 여름이었다. 9월에 접어들고도 열대야가 계속되니 무서워지기까지 했다. 하지만 영원히 끝나지 않을 것 같던 무더위도 꼬리를 내렸고, 가을이 왔다. 이제 긴 소매의 옷이 거추장스럽지 않다. 에어컨을 끄고 창문을 열었다. 시원한 바람이 코끝을 스친다. 커튼이 흔들리는 모습을 보며 생각한다. 그래, 모든 일에는 끝이 있지. 시간이 흐른다는 건 정말 축복이야.

여름은 시련을 닮았다. 괴롭다는 것도, 언제 끝날지 모른다는 것도, 생각보다 길어질 수 있다는 것도, 하지만 반드시 끝난다는 것까지도. 돌이켜보면 학창 시절은 내 인생의 여름 같은 시기였다. IMF로 갑작스럽게 떠난 이사에 입학 예정이었던 고등학교를 포기했다. 새로운 학교에 입학이 어려워 일 년을 그냥 보냈다. 소위 말해 꿇은 것이다. 어렵게 들어간 학교에서 같은 반 아이들은 선배도 친구도 아닌 나를 어려워했다. 결국 고등학교 1학년을 마치지 않고 중퇴했다. 이 모든 시련에서 내가 선택한 건 아무것도 없었다.

그 시절 나를 버티게 해준 건 카니발의 〈그땐 그랬지〉라는 노래였다. "참 옛말이란 틀린 게 없더군. 시간이 지나가면 다 잊혀지더군." 하지만 그 시기를 지날 땐 마음에 난 생채기가 영원히 남을 거라 생각했다. 그래서 억지로라도 이 가사를 주문처럼 곱씹었다. 시간이 지나면 까먹고 상처도 다 나을 거라 나를 위로했다. 그리고 정말 시간이 흐르니 아무렇지도 않은 순간이 왔다. 이젠 웃으며 그날의 이야기를 한다. 그마저도 자주 떠오르진 않는다.

우리는 모든 과거를 되새기며 살지 않는다. 기억력의 한계 때문이다. 덕분에 힘든 날도 잊힌다. 잊힌 것처럼 보인다. 그러나 기억은 마음 깊은 곳에 숨어 있다가도 단서가 주어지면 떠오른다. 향수 냄새를 맡고 과거에 만났던 사람 생각이 나거나 노래를 듣고 그 시절 아픔이 올라오는 것처럼 문득, 거칠게 말이다. 기억을 떠올리는 강력한 단서는 기분이다. 지금 기분은 비슷한 기분을 느꼈던 과거 기억을 끄집어낸다. 기분 좋을 때는 행복이 단서가 되어 즐겁고 기뻤던 순간이 떠오르고, 기분이 나쁠 때는 불행이 단서가 되어 우울하고 슬펐던 순간이 떠오른다. 심리학에서는 이런 현상을 **기분일치 효과**mood congruency effect라 부른다.

비가 오는 날이면 기분이 울적해진다. 바지와 신발이 젖고, 특히 축축한 양말이 발에 들러붙는 그 느낌이 정말 싫다. 그런 상태로 있다 보면 어린 시절 비가 오는데 아무도 데리러 오지 않아서 가방을 쓰고 집에 달려갔던 기억도 떠오르고, 버스 정류장에서 지나가는 차에 물벼락을 맞았던 기억도 나고, 왜 이렇게 내 인생에 짜증나는 일만 일어나는지 모르겠단 생각을 한다. 정말이지 힘든 일들은 한꺼번에 몰려오는 것처럼 보인다. 하지만 그건 기분이 만든 착시일지도 모른다. 가만히 생각해보면, 분명 행복했던 기억도 있었다. 단지 지금은 떠올리기가 어려울 뿐.

한 청년이 들려준 이야기가 있다. 하루는 중학생 동생이 울면서 집으로 들어왔다. 여자친구와 헤어진 모양이었다. 청년은 동생을 달래줄 요량으로 사과를 깎아주었다. 동생은 안 먹는다며 생떼를 부렸다. 그리고 몇 분 후 방에서 소리가 새어 나왔다. 아삭아삭. 끝나지 않을 것 같은 슬픔은 생각보다 빠르게 식는다. 불행한 순간 역시 언젠가는 과거가 된다. 우리는 금방 일상으로 돌아간다.

전염병의 시대에 우리는 얼마나 괴로워했던가? 한여름에도 답답한 마스크를 쓰고 숨 쉬는 것마저도 쉽게 허락되지 않았다. 서로 조금이라도 스칠까 흘겨보며 사람과 사람 사이에는 불신이 생겼다. 행사와 공연은 모두 취소되고 특별한 일은커녕 일상적인 모임마저 막혔다. 사업을 하는 사람들은 생계가 끊어졌고, 전례 없는 개학 연기로 학습 결손까지 일어났다. 그 시기에 많은 사람들이 코로나 블루를 겪으며 국민의 48% 이상이 다소 심각한 수준의 우울감을 보고했다.[30]

우리를 가장 괴롭게 했던 건 무엇일까. 마스크의 불편함, 마스크를 구할 수 없는 답답함, 전염병에 걸릴지 모른다는 공포, 마음껏 만날 수 없는 사람들. 모두 아니다. 우리를 가장 괴롭게 한 건 끝나지 않을 것 같다는 두려움이었다. 다시는 일상으로 돌아갈 수 없다는 불안이 우리를 지치게 했다. 만약 누군가가 이 병은 3년 내 종식된다고 알려줬다면 우리는 견뎌냈을 것이다. 끝이 있는 두려움은 두려움이 아니기 때문이다. 하지만 아무도 끝을 예상할 수 없어서, 영원히 이 상태에 머물 수도 있다는 공포가 우리를 가장 힘들게 했다. 그러나 보자. 결국에 끝은 났다. 우리는 일상을 되찾았다. 끝나지 않는 일은 없다. 시간은 많은 걸 해결한다. 그 시간이 흐르기를 믿고 기다리는 수밖에.

더운 여름에 강아지와 산책을 나갔다 혼이 났다. 아스팔트가 뜨거워 고생깨나 했기 때문이다. 그늘로만 다니려고 리드줄을 당겨도 강아지는 여지없이 인도 중앙으로 향했다. 그러다 발이 뜨거워졌는지 그 자리에 버티기 시작했다. 몇 걸음만 옮기면 시원한 그늘인데, 귀엽고 짠한 내 강아지.

시간여행을 떠나지 않는 한, 여름은 피할 수 없다. 여름이 지날 때까지 견뎌야 한다. 우리는 무더위를 꺾을 수 없다. 꺾을 수 없지만 피할 수는 있다. 그늘 아래서 해가 지나가길 기다릴 수 있다. 우리는 종종 힘든 시간이 길어지면 뜨거운 곳에 꼼짝없이 서 있곤 한다. 귀엽고 짠한 내 강아지처럼 말이다. 그러나 그 선택은 더 큰 상처를 내고 아픔에 머물게 할 뿐이다.

마음의 생채기는 시간이 지나며 아문다. 물론 아문다고 흔적이 사라지진 않는다. 흉터는 남는다. 어떤 행복한 사람은 흉터를 보며 지금 아프지 않음에 감사한다. 불행한 사람은 흉터를 쥐어짜 다시 상처로 만든다. 그러면서 과거에 머물기를 선택한다. 인생의 여름을 지나는 동안 어떤 선택을 해야 할까? 흉터가 아물 때까지 그늘에 머물기, 혹은 흉터가 덧나게 따가운 해 아래서 나를 괴롭히기 중에.

'처서 매직'이라는 말이 있다. 기승을 부리던 무더위도 처서만 지나면 한풀 꺾인다는 뜻이다. 마치 마법처럼. 더위는 서서히 식지 않고, 어느 날 갑자기 떠난다. 어제는 여름이었는데 갑자기 가을이 되어버린다. 인생의 여름도 마찬가지다. 어느 날 문득 돌아보니 그때 그랬지! 하며 과거가 되어 있다. 죽을 것 같던 순간이 지금과는 뚝 떨어진 세상이 된다. 그리고 다른 세상에 온 우리는, 그 시기를 지나온 우리는 제법 단단한 사람이 되어 있다.

내 감정에 이름 붙이기

악몽을 꿨다. 물속에 얼굴만 내놓은 귀신이 나를 자꾸만 불렀다. 깜짝 놀라 잠에서 깨어났다. 온몸에 오스스 소름이 돋아 있었다. 찬기가 돌아 둘러보니 거실 창문이 열려 있었다. 에어컨을 끈 지도 얼마 안 되었는데, 이젠 창문을 닫아야 할 만큼 밤 바람이 차다. 지금 내 몸에 돋은 이 소름은 악몽의 여파일까, 아니면 차가운 공기의 탓일까?

우리의 감각은 단순한 물리적인 반응을 넘어서, 우리가 경험하는 감정에도 깊은 영향을 미친다. 감각과 마음은 연결되어 있다. 다정한 사람을 따뜻한 사람이라 표현하고, 실제로 따뜻한 감각을 느끼면 상대가 더 친절하게 느껴진다. 반대로 서늘한 온도는 쓸쓸함을 부른다. 방 온도가 낮아지면 외로움이 더 크게 느껴진다. 소름이 돋는 것도 마찬가지다. 소름 끼치게 무섭다는 말처럼, 몸에 소름이 돋으면 공포심이 느껴진다. 이처럼 감각하는 것과 인지하는 것이 서로 연결된 현상을 **체화된 인지**embodied cognition라 부른다.[31] 왜 그런 꿈을 꾸었을까 고민하다가 문득 그런 생각이 들었다. 추운 날씨가 소름을 돋게 만들고, 소름 돋은 내 마음이 무섭다는 감정을 불러, 내가 두려워하는 물속 귀신을 소환한 게 아닐까 하는 생각 말이다.

감정과 신체 반응은 언제나 함께한다. 그러나 하나의 감정에 하나의 신체 반응이 짝지어지는 건 아니다. 어떤 신체 반응은 밝은 감정, 어두운 감정 모두와 연결되어 있다. 예를 들어 두근대는 심장과 연결된 감정은 두려움일 수도 있고, 설렘일 수도 있다.

결혼한 지 3년쯤 될 무렵이었다. 그날은 한 지역의 반딧불이 축제날이었다. 반딧불이는 작은 소음이나 빛에도 숨기 때문에 마을 사람들은 조용히 하도록 몇 번이고 주의 줬다. 휴대전화를 꺼내는 것도 당연히 금지였다. 하지만 신기한 축제 현장에서 이런 주의사항은 어려운 미션이었다. 반딧불이가 보일 때마다 환호성과 촬영음이 터졌고 플래시가 켜지는 일도 다반사였다. 결국 반딧불이는 모두 자취를 감췄다. 아쉬운 마음으로 돌아가려는데 마을 이장님이 우리를 불렀다. 제대로 못 봤죠? 꼭 같이 움직이지 않아도 돼요. 둘이 조용히 보고 와요.

우리는 향로를 바꿔 어둡고 조용한 산길을 걸었다. 들리는 건 저벅저벅 두 사람의 발소리. 그러다 야생동물의 갑작스러운 울음소리도 들렸고, 가끔 나방의 날개가 눈으로 돌진하기도 했다. 긴장의 연속이었다. 심장이 요동쳤다. 그리고 집으로 돌아오는 길 운전하는 남편을 보는데, 어? 왜 잘생겼지? 이것은 요동치는 심장이 만들어낸 해석의 결과였다. 신체 반응은 감정을 일으킨다. 그 과정에서 우리는 종종 혼란을 느끼고 잘못 해석한다. 가슴이 뛰는 걸 보니 무서운가 봐, 이게 정답인데 가슴이 뛰는 걸 보니 나 저 사람 좋아하나 봐, 하고 해석하는 것이다.

방금 이야기처럼 신체 각성을 사랑으로 착각하는 현상을 **흔들다리 효과**suspension bridge effect라 부른다. 이 이름은 흥미로운 고전 실험에서 유래했다. 컬럼비아 대학의 더튼과 아론은 남자 참가자들에게 두려움을 유발하는 흔들다리와 안정적이고 단단한 나무다리 중 하나를 건너게 했다. 그리고 연구를 돕는 여성 연구진의 연락처를 알려준 후 궁금한 점이 있으면 언제든 전화해도 좋다고 했다. 그 결과 흔들다리를 건넌 참가자가 안정적인 다리를 건넌 참가자보다 훨씬 더 많은 전화를 걸었는데, 그건 아마도 흔들다리를 건너며 심장이 뛴 것을 연구진을 향한 관심으로 해석한 귀여운 착각 때문이었을 것이다.[32]

권태로운 연인에게 함께 공포영화를 보라는 조언은 근거 없는 낭설이 아니다. 심장이 뛰고 가빠지는 몸을 우리는 사랑으로 해석한다. 오답이면 어떤가, 행복해지면 그만인 것을.

가을이 되면 유독 우울해진다. 그 이유도 어쩌면 잘못된 해석의 결과일지 모른다. 무더운 날씨가 끝나고 찬바람이 불기 시작하면 해가 짧아진다. 그만큼 일조량도 줄어든다. 햇빛은 행복 호르몬이라 부르는 세로토닌 방출을 돕는데 가을에는 햇빛 보는 시간이 줄어든다. 그만큼 우울해질 가능성이 크다.

세로토닌은 수면에도 영향을 준다. 해를 잘 보지 않으면 잠이 오지 않고, 수면 부족은 피로를, 피로는 무력감을 부른다. 힘이 절로 빠진다. 그러니 가을에 우울이 찾아오는 건 자연스러운 현상이다. 계절이 몸을 변화시키기 때문이다. 계절 변화는 신체에 영향을 미친다. 그런데 우리는 그 변화를 잘못 해석하여 불필요한 동요를 만든다. 우울하다, 슬프다, 쓸모없다, 같은 이름을 붙여 감정을 실제로 만든다.[33] 좋은 감정이라면 착각해도 상관없지만, 슬픈 감정은 떼어내야 한다. 신체 반응과 감정을 구분해야 한다.

정서를 연구하는 샤크터와 싱어의 흥미로운 실험 결과가 있다. 연구진은 사람들에게 에피네프린을 주사했다. 에피네프린은 심장이 두근대고 호흡이 가빠지도록 만드는 각성 약물이다. 연구진은 참여자 중 일부에게 약효를 정확히 설명했다. 하지만 다른 사람들에게는 두통이나 어지럼증 등 다른 부작용이 있을 수도 있다며 애매한 정보를 흘렸다.

주사를 맞고 모든 참가자는 대기실에 모였다. 이때 참가자인 척하는 공모자 한 명이 흥분한 척 연기를 시작했다. 그는 매우 기뻐 보이거나 화가 난 모습을 연기했다. 옆 사람이 감정적이면 동요하게 마련이다. 실제로 많은 참가자들은 공모자의 감정에 휩쓸렸다. 그가 기뻐 보이면 함께 기뻐하고, 그가 화를 내면 덩달아 짜증을 냈다. 그러나 약효에 대한 정보를 알고 있던 사람들은 동요하지 않았다.[34]

흥분한 사람 곁에 있으면 대부분의 사람들에게 신체 반응이 나타난다. 심박수는 증가하고 호흡이 가빠진다. 이 반응은 에피네프린 반응과 같다. 실험에 참가한 사람들 중에서 약효를 모르던 사람은 자신의 신체 변화를 성가신 공모자 탓으로 돌렸다. 저 사람이 성가셔서 나도 짜증이 나는가 보다, 저 사람이 기분이 좋으니 나도 덩달아 좋은가 보다, 하고 말이다. 그러나 신체가 반응하는 이유를 알고 있던 사람은 지금 내 몸의 변화가 약물 때문이라고 생각했다. 따라서 감정적으로 동요하지 않게 되었다. 감정의 원인이 신체에서 온다는 것을 인지하고 이 둘을 분리하면, 우리는 감정으로부터 자유로워질 수 있다.

마음이 쳐질 때, 사람들은 무의식적으로 몸을 살핀다. 힘이 없고, 머리가 멍하고, 의지가 사라진 것 같은 느낌. 그 느낌에 우울이라는 이름을 붙인다. 호명된 이름은 존재감을 드러낸다. 더욱 우울해지도록 역할에 최선을 다한다. 그러나 그건 가짜 우울이다. 진짜 우울이 아니라, 우울이라는 이름을 붙인 몸의 변화다. 가을이 만들어낸 우울은 우리를 속인다.

우울의 원인이 다른 곳에 있는지 살펴보자. 날씨가 너무 추운 건 아닌지, 방에 온도가 낮은 건 아닌지. 체력이 달리거나 잠을 푹 못 잔 건 아닌지 하고 말이다. 이유가 외부에 있다는 사실을 깨달으면 감정이 동요하지 않는다. 에피네프린 효능을 아는 사람들처럼 말이다. 해석의 옳고 그름은 중요하지 않다. 감정에서 옳고 그름은 나에게 도움이 되는지 그렇지 않은지가 가장 중요하다. 나에게는 감정을 선택할 권력이 있다.

나는 악몽을 자주 꾼다. 그럴 때마다 이유를 생각해본다. 최근 스트레스를 많이 받았나, 자기 전 본 영상이랑 관련이 있나, 낮에 한 대화가 각인되었나? 그날은 찬바람에 돋은 소름을 내 마음이 공포로 착각한 게 아닐까 하는 결론을 내렸다. 그래서 오랜만에 긴 바지를 입고 잠자리에 들었다. 창문도 닫았다. 포근했다. 그리고 오랜만에 기분 좋은 꿈을 꿨다.

명절이라는 영원한 과제

사이좋던 부부가 일 년에 두 번은 꼭 다툰다면 그날은 명절일 것이다. 사랑하던 사람이 결혼만 하면 효자, 효녀로 변한다. 결혼 전엔 안 그랬는데, 왜 그렇게 되었을까?

한국 사회에서 결혼은 두 사람이 한 가정을 이루는 것보다 양 가족이 합쳐지는 것에 더 가깝다. 그래서 결혼과 동시에 새로운 부모가 생긴다. 낳아주지도 길러주지도 않은 어른을 갑자기 부모로 맞이하는 일이 쉽지 않다. 어느 날 가족이 되고 자주 만나게 된다고 해도 친밀해지기까지 시간이 필요하다.

문제는 아직 그 시기가 오지 않았는데 그만큼의 마음과 행동을 바랄 때 시작된다. 섬김은 마음으로 하는 일이어서 강요할수록 거부감이 든다. 원래 인간이란 존재가 그렇다. 공부하려다가도 잔소리를 들으면 마음이 싹 가시는 것처럼 뭐든 억지로 시키면 하기가 싫어진다. 배우자의 부모를 향한 마음도 마찬가지다. 마음을 억지로 강요하기 시작하면 진심이 생기려다가도 길이 막힌다. 명절의 갈등은 아직 연결되지 않은 마음을 행동으로 요구하기에 생기는 일이다. 갑자기 효심이 가득해진 배우자는 그런 상황을 부추긴다. 결혼했으니 바로 내 부모의 자식처럼 행동해주길 바란다. 이 무리한 요구가 화를 돋운다. 이런 사람인 줄 몰랐기에 충격은 더 크다.

문제를 해결할 수 있을까? 가장 좋은 방법은 잘못된 쪽이 깨닫고 변하는 것이다. 관계는 시간과 진심이 만드는 일이기에 기다려주되, 그동안 진심을 다한다면 대부분 해결된다. 부모의 사랑을 받고 자란 아이들이 자연히 부모를 섬기듯, 내리사랑이 느껴지면 새로 가족으로 편입된 이들도 자연히 새 부모를 가족으로 받아들인다. 그러나 이런 일은 안타깝게도 잘 일어나지 않는다.

그렇다면 다음으로 좋은 방법은 결혼한 당사자들이 새로운 가족이 된 배우자를 위해 자신의 입장을 잘 정리하는 것이다. 소위 말해 중간 역할을 제대로 하는 것이다. 여기서 중간 역할은 배우자가 그의 부모와 자신 사이에 적당한 거리를 두면서 서로의 바람을 수용하지 않고도 서운해하지 않도록 세련되고 완벽한 방식으로 상황을 정리하는 것이다. 한 문장에 담기도 버거운 일이 중간 역할이다. 이게 가능한 일일까? 역시나 쉽지 않다.

사실, 문제의 열쇠는 부모와 배우자 모두의 변화에 있다. 그러니 알아서 잘 바뀌어라, 하고 글을 마무리하고 싶기도 하다. 방송에 나오는 전문가나 관계 해결에 대한 책에서도 대부분 그렇게 이야기하곤 한다. 그러나 그런 이상적인 결론은 무책임하다. 그런 변화가 일어날 만했던 가정이라면 갈등이 시작되지도 않았을 테다. 그들은 쉽게 변하지 않는다.

상대가 변하지 않는 이유는 변할 줄 모르거나 변하기 어려워서다. 그러니까 참고 넘어가자는 말은 아니다. 변할 줄 모르면 변하는 법을 배우고 어려워도 애써 변해야 한다. 그러나 그러기에는 수고가 필요하고, 그럴 만큼의 가치를 느끼지 않기에 애쓰지 않는 것이다. 그렇다면 기꺼이 수고를 하고 싶은 마음 상태로 만들어주는 게 우선이다. 그들이 스스로 열쇠를 열고 싶게 만들어야 한다.

이럴 때는 정공법이 아닌 차선책을 선택해야 한다. 시작은 내가 먼저 바뀌는 것이다. 내 잘못이 아니어도 정말 어쩔 수 없다. 모두가 변하지 않는다면 아무것도 변하지 않는다. 이 차선책의 기본은 이해다. 배우자의 내면에도 어려움이 숨어있다는 이해. 내 잘못도 아닌데 이해를 하라고요? 책을 덮고 싶은 반발심이 올라올 것이다. 알고 있다. 우리는 이해하라는 말을 싫어한다. 이해에 대한 오해가 마음 깊게 자리 잡고 있기 때문이다. 엄마! 동생이 내 장난감 부쉈어! 했을 때 어떤 말이 돌아왔는지 생각해보자. 네가 착하니까 이해해, 언니니까 이해해. 이해하라는 말은 자주 져주란 말 대신 사용되었다. 책임 소재가 분명할 때도 그랬다. 우리는 이해를 강요받아 왔다. 그래서 이해하라는 말에 반발심이 올라온다. 내가 왜 이해를 해줘야 하는데. 그러나 진정한 이해는 져주는 게 아니다. 어떻게 보면 이기는 데 더 가깝다. 궁극적인 이해의 목표는 말하자면 변화를 위한 밑밥을 까는 것이다. 이해가 선행되어야 변화가 시작된다.

    모든 심리전은 원리 싸움이다. 상대가 왜 그러는지 알고 이해해주기만 해도 상당한 부분이 해소된다. 그럼 결혼하고 효자, 효녀가 되는 데도 원리가 있을까? 다양한 원인이 있겠지만, 유력한 범인을 찾아보자면 방어기제를 생각해볼 수 있다. 초등학교 시절을 떠올려보자. 아이들은 이성 친구에게 마음이 가면 일단 괴롭히고 본다. 누군가를 좋아한다는 감정이 낯설기도 하고, 부끄럽고 놀림당하는 게 싫기 때문이다. 마음이 단단하지 못하면 진심을 숨긴다. 그리고 그 대신 반대로 행동한다. 이처럼 마음이 들켜 난처해질까 불안할 때 진심과 다르게 행동하는 방어기제가 **반동형성**reaction formation이다.[35]

반동형성은 좋아하는 사람을 싫어하는 척 괴롭히는 형태로도 나타나지만, 반대로 싫어하는 사람을 좋아하는 척 감싸는 형태로도 나타난다. 권위적인 상사를 속으로 욕하면서 과하게 아부할 수도 있고, 예쁜 척하는 친구를 속으로 비난하면서 겉으로는 찬양할 수도 있다. 사람들은 본심을 억누르려고 무의식적으로 더 반대되는 행동을 하게 된다. 효심이 갑자기 생기는 일도 비슷하다. 우리는 부모를 사랑하고 섬겨야 한다는 사실을 너무 잘 안다. 얼마나 힘들게 낳아주셨나, 얼마나 애쓰며 길러주셨나, 그 과정에 얼마나 많은 희생과 헌신이 있었나. 하지만 한편으로 기대한 만큼의 사랑을 받지 못했다는 원망도 있다. 엄마를 사랑해야 하지만 엄마가 밉고, 아빠를 존경해야 하는데 아빠가 싫다. 이 생각은 죄책감을 부른다. 그때 반동형성이 나타난다. 부모를 미워하는 마음을 들키지 않으려 더욱 사랑하게 된다.

배우자와 부모의 갈등이 시작되면, 부모에게도 원인이 보인다. 분명 모르지 않는다. 그러나 배우자 편을 들어주는 순간 부모를 배신하고 부모의 사랑을 부정하는 것처럼 죄책감이 생긴다. 그래서 마음에 저항이 생긴다. 우리 엄마, 아빠가 얼마나 좋은 사람인데! 얼마나 불쌍한 사람인데! 보호하고 감싸며 죄책감을 덜어낸다. 그러나 이때 나타나는 효심은 자신의 진심을 부정하기 위해 나타난 마음의 방패에 가깝다. 효심이 방어기제가 아닌 진심이 되려면, 가장 먼저 필요한 단계가 있다. 서운함을, 미움을, 원망을, 일단 인정하는 것이다.

예전에 내 책에 대한 한 독자의 리뷰를 읽은 적이 있다. 책을 사놓고 한동안 읽지 않았는데, 그 이유인즉 작가가 아빠에게 사랑을 듬뿍 받는 모습이 샘이 나서라고 했다. 그는 자신에게 그런 다정한 아버지가 없어서 내 책을 읽는 게 불편하다고도 덧붙였다. 내가 그렇게 사랑을 받았단 말인가, 놀라지 않을 수 없었다.

책에는 좋은 이야기가 많다. 책 속에 아빠는 좋은 사람으로만 그려져 있다. 물론 아빠는 나에게 좋은 사람이다. 그러나 그렇지 않은 때도 있다. 아빠는 내가 어릴 때 술과 담배를 너무 좋아했다. 내 앞에서 담배를 피우기도 했고 술 때문에 밤에 데리러 오지 못한 적도 있다. 그럴 때마다 나는 상처를 받았고 아빠에게 서운했다. 그러나 그 마음이 사랑을 부정하는 건 아니다. 잘못은 잘못이고 아빠는 여전히 내 아빠다. 나는 여전히 아빠에게 이래서 안 된다 잔소리하고 저래서 나쁘다 지적한다. 완벽하기에 사랑하는 건 아니다. 사랑하기에 완벽하지 않아도 되는 것이다. 진짜 사랑은 잘못마저 인정할 때 온전해진다.

우리는 부모를 사랑하는 동시에 미워할 수 있다. 부모도 사람이어서 완벽하지 않고, 미움이 존재하는 건 사람과 사람의 관계여서 자연스러운 일이다. 그러나 그것을 받아들이는 일이 쉽지 않다. 무의식이 결코 이를 허용하지 않는다. 그래서 다시 마음에 방패를 든다. 나는 부모를 절대 미워하지 않아. 나의 부모는 완벽해! 부모와 자식의 문제는 정말 어렵다. 혼자 해결할 수 없어 전문가를 찾기도 한다. 그럴 만큼 자식에게 부모는 무겁고 힘들다. 그런데 자신과의 관계도 해결 못 한 사람이 중간 역할까지 한다는 것이 가당키나 할까. 어지간해서는 불가능하다. 부모이기에 어렵다. 어쩌면 자신의 부모를 다루는 것보다 직장 상사를 다루는 게 쉬울지 모른다. 이 사실을 이해하고 상대방의 마음을 헤아려줄 때 변화는 시작된다. 안 하려는 게 아니라 못하는 것을, 버티는 게 아니라 잘 안된다는 것을 알아줄 때 시도라도 해보려는 마음이 생긴다. 너도 참 쉽지 않겠다(이해). 그렇지만 상황이 바뀌어야 하지 않을까?(요청) 이 두 단계가 순서대로 진행되어야 귀가 열리고 마음이 열린다. 네가 문제야(지적). 이런 말은 상대의 자기 보호 본능을 자극해 변명만 늘어놓게 한다.

    부부는 서로의 편이 되어야 한다. 상대가 내 어려움을 이해해줄 때 내 편이라는 신뢰가 생긴다. 이 과정은 심리상담에서 말하는 라포 형성과 비슷하다. 라포rapport란 상담자와 내담자가 서로를 신뢰하는 관계를 형성하는 것이다. 아무리 도움을 받고자 찾아간 내담자도 처음에는 상담자에게 방어적이다. 자신의 잘못을 지적할까 봐, 변하기 싫은 모습을 강요할까 봐 저항하고 숨긴다. 그러나 상담자가 어떤 이야기에도 내 편이 되어주고 나를 존중해주는 존재라는 믿음이 생기면 조금씩 마음을 열고 자신조차 인정하기 싫었던 모습을 고백하기 시작한다. 그리고 결국엔 스스로 변화의 방향을 찾아낸다. 일생을 모르고 지낸 두 사람도 신뢰로 성장을 돕는데, 사랑하여 만난 사람이라면 더욱이 그래야 하지 않을까? 그래서 부부는 먼저 서로의 편이 되어주어야 한다.

굴러가던 공을 반대로 차는 건 서 있는 공을 미는 것보다 훨씬 힘이 들어간다. 방향을 바꾸는 건 이토록 힘들다. 그러나 잠잠히 기다리면 공이 멈춘다. 그때는 살짝만 밀어도 반대 방향으로 굴러간다. 마음에도 관성이 있다. 나와 반대로 달리고 있는 상대의 마음을 꺾으려면 힘이 든다. 그러나 조용히 기다리며 신뢰를 주면 자연히 상대가 바라는 소리에 귀 기울이게 되어 있다. 중간 역할을 하기 싫은 게 아니라 하기 어렵다는 걸 알아주고, 배우자의 편만 드는 것도 힘든 일이라는 걸 알아주면 오히려 배우자에게 마음이 기운다. 여태 부모와 배우자가 한편이었다면, 이제는 배우자와 내가 한편이 되는 것이다. 이 말을 절대 오해해서는 안 된다. 배우자를 부모로부터 뜯어와 편을 가르라는 말이 아니다.

부부 사이에서 상처는 배우자의 부모를 미워하는 마음에서 오는 게 아니다. 당연한 희생을 바라는 마음에서 온다. 그래서 배우자가 내 편이 되는 순간 나의 희생이 당연하지 않게 되고, 놀랍게도 나는 더 잘하고 싶은 마음이 생긴다. 우리는 모두 소속의 욕구가 있어서, 연결된 모든 사람과 잘 지내려 한다. 굳이 애써 편을 가르고 배척하려 하지 않는다. 알아서 잘하라는 말은 불가능에 가깝기 때문에 정답이어도 배제할 수밖에 없다. 내가 먼저 그의 편이 되어주면, 그도 나의 편이 되어주고, 자연히 나는 그의 부모 편이 된다. 강요하지 않으니 진심이 생기고, 진심이 모두 원했던 가정을 만든다.

만화 원작의 드라마 〈며느라기〉를 보면 고부 갈등의 스트레스가 적나라하게 드러난다. 시어머니는 제사다, 행사다, 시도 때도 없이 며느리를 부른다. 그 바람에 며느리 사린과 남편의 다툼은 끊이질 않는다. 사린은 남편에게 너희 집 행사니 네가 책임지라며 부탁(혹은 협박)하지만, 그럴 때마다 남편은 자신을 막아서는 시어머니 때문에 도와줄 틈을 찾지 못한다. 사린의 원망은 점점 커진다. 그러던 어느 날 사린이 지쳐 엄마에게 전화를 걸었을 때 놀라운 소식을 듣는다. 엄마가 운영하는 식당에 남편이 지금 회사 사람들과 와 있다는 이야기. 남편은 매출을 올려주기 위해 회식 장소를 일부러 그곳으로 잡고 손수 서빙까지 하고 있었다. 나의 부모를 위해 애쓰고 있는 남편의 모습에 사린의 마음은 포근해진다.

우리는 저마다의 방식으로 최선을 다하고 있는지 모른다. 다만 서툴러서 온전히 마음을 전하는 데 오해가 생길 뿐이다. 마음이 가닿지 않을 때가 있다고 해도, 사랑은 진짜다. 사랑만 믿는다면 관계는 한결 부드럽게 풀린다. 진심을 다해 사랑하자. 우리가 진정 원하는 것은 이기는 게 아닌 함께 하는 것이기니까. 사랑은 결국에 닫힌 문을 연다.

9월의 마음사전

흔들다리 효과
suspension bridge effect

흔들다리 위에서 긴장한 상태를
상대에 대한 두근거림으로 착각하는 현상.
우리는 자주 신체 반응과 마음을 헷갈려 착각한다.

9월의 할일

세로토닌 충전을 위해
햇볕 좋은 날 한 시간 산책하기

내 감정에 너무 쉽게 '우울'이라는
이름을 붙이지 않기

'모든 것은 지나간다'는
사실을 기억하기

10
| 월 |

밤이 길어지는
달

실패 대신 '아직 덜 성공'

읽는 사람과 쓰는 사람

가을이 오면 야외석이 있는 카페로 나간다. 두툼한 카디건을 걸치고도 답답하지 않은 공기를 누린다. 주문하신 음료 나왔습니다. 반가운 목소리가 들리면 커피와 함께 장식용인지 사장님 취향인지 모를 책 한 권도 골라서 들고 나온다. 가을 냄새가 난다. 책을 펼쳐 두 문장 정도 읽으면 이미 느낌이 온다. 소장할 책인지 지금 대충 읽고 갈 책인지. 이 책은 아무래도 사야겠다. 책을 덮고 온라인 서점에 접속한다. 언제 읽게 될지 모르는 이 책을 주문한다. 그리고 가방 속에서 책을 꺼낸다. 몇 해 전부터 읽겠다고 벼르던 책이다. 드디어 읽게 되는구나. 가을은 책 읽기 좋은 계절이다.

나에게 책은 오랜 친구였다. 화장실 칸까지 같이 들어간 친구처럼 책도 그랬다. 변기에 앉아 책에 빠졌다가 빨리 나오란

꾸지람을 얼마나 자주 들었던지. 그런 친구와 점점 데면데면해진 건 성인이 되어서부터였다. 글은 학업과 일의 수단이었고 지긋지긋한 존재가 되었다. 논문도 싫고 공문도 싫고 책도 당연히 싫어졌다. 필요하나 피로한 존재가 되어 거리를 두기 시작했다. 그러다 몸에 몹쓸 일이 일어났다는 소식을 들었다. 목적을 향해 달려온 인생이 갑자기 멈췄다. 한순간에 할일이 사라졌다. 할일이 너무 없었던 나는 하릴없이 책으로 돌아갔다.

 오랜만에 찾은 도서관에서 책장 숲에 압도되었다. 세상에 책이 너무나도 많았다. 선택지가 많을수록 의사결정에 실패한다는 **선택의 역설**The paradox of choice 상태에 빠졌다. 나를 위로하는 책을 만나고 싶었는데. 선택의 어려움 앞에서 나는 가장 원초적인 방식을 썼다. 소설 코너에 서서 가장 케케묵은 책을 뽑았다. 여러 손길을 거쳐 낡은 책은 분명 좋은 책일 것이다. 그렇게 만난 책에서 나는 나를 닮은 등장인물과 소곤소곤 대화를 나누고, 다시 책과 사랑에 빠졌다.

 내 이야기를 꺼내고 싶은 날이 있다. 어디서 시작할지 어떻게 꺼내야 할지 막막하다. 그럴 때 소설책을 펼친다. 소설을 읽는 동안 현실을 잊다가 또 현실과 마주한다. 나를 꼭 닮은 인물, 나와 같은 생각을 하는 문구를 만나기 때문이다. 정신이 번쩍 든다. 맞아, 이게 딱 내가 하고 싶은 말이었어! 밑줄을 긋고

모퉁이를 접고 문장을 기억한다. 타자의 말로 나를 대신한다. 그러다 보면 나의 언어로 내 이야기를 하고 싶어진다. 오랜 독서는 그럴 준비를 시킨다. 읽는 사람은 결국 쓰는 사람이 된다. 우리는 써야 한다. 쓰기가 우리를 살리기 때문이다.

'책 내용이 좀⋯.' 최근 내가 출간했던 책에 달린 독자 후기였다. 별 다섯 개와 함께 달려 있던 그 코멘트는 말을 하다 말고 있었다. 좀 어떻다는 거야? 어렵다는 거야, 지루하다는 거야, 예상과 다르다는 거야, 기대에 못 미친다는 거야, 혹시 별이 다섯 개니까 좋다는 거야? 오랫동안 이 생각에서 벗어나질 못했다.

사람은 끝을 보지 않으면 참지 못한다. 하다 멈춘 말에 답답하고, 중요한 장면에 드라마가 끝나면 애가 탄다. 딱 봐도 질 것 같은 운동 경기도 쉽사리 포기하지 못한다. 그중에서도 가장 마음을 붙드는 건 생각이 미완일 때다. 생각이 정리되지 않으면 계속 그 안에 머문다. 그런데 생각의 흐름에는 질서가 없어서 쉽게 끝나지 않는다. 결론을 향하다가도 시작으로 돌아오고, 이 생각 저 생각이 새치기한다. 동시다발적으로 여러 생각이 쏟아지기도 한다. 특히 나쁜 경험 후에는 기억을 반추하느라 생각에 매듭을 짓지 못한다. 말을 하다 만 리뷰 생각에 잠

못 이루는 것처럼 아픔에 머무느라 다른 일을 하지 못한다. 과거에 갇혀버리는 것이다.

하지만 글쓰기는 머릿속으로 하는 생각과 다르다. 생각은 무형이지만 글은 유형이다. 무형은 반복될 수 있지만 유형은 유한하여 반복할 수 없다. 그래서 글은 영원히 쓸 수 없다. 참 재미있었다, 하고 끝나는 일기처럼 기어이 끝을 낸다. 이게 바로 글이 상념을 털어버리게 만드는 원리다. 마음을 글로 표현하면 반복된 생각이 정제되고 흐름에 질서가 생기면서 정리된다. 결론을 아는 드라마는 여러 번 보지 않는 것처럼 결론이 나버린 생각은 더 이상 하지 않아도 된다. 이렇게 과거를 털어내게 된다.

글로 생각을 정리하는 데는 효과적인 규칙이 있다. 처음엔 무작정 쏟아낸다. 문법이나 논리를 고민하지 말고, 유려하게 표현하려 애쓸 필요도 없다. 일단은 생각을 배설하는 것이다. 그리고 단계별로 정리를 시작한다. 먼저 육하원칙에 맞춰 상황을 그려본다. 언제 어디서 어떤 일이 벌어졌는지 세세히 쓰고, 그때 느낀 감정을 톺아본다. 단순히 나빴다, 좋았다 정도가 아닌 적확한 감정의 이름을 찾아본다. 그리고 마지막으로 그 사건이 나에게 준, 혹은 앞으로 어떤 의미가 있을지 정리한다.

희소병 진단을 받았을 때 나는 '왜'라는 생각에서 벗어나지 못했다. 그러나 이 생각은 나를 더 불행하게 만들 뿐이었다. 아픔을 글로 쓰면서, 이 일을 통해 얻은 기회를 정리하게 되었다. 목표했던 길이 막혀 새로운 길이 열렸고, 아프지 않았다면 평범했을 인생이 특별해졌다.

글쓰기 치료의 권위자이자 심리학자인 페니베이커와 그의 동료들은 평범한 대학생 마흔여섯 명에게 글쓰기 과제를 내주었다. 이때 어떤 대학생들에게는 감정을 표현하는 글을 쓰도록 하고 다른 대학생들에게는 감정을 배제하고 글을 쓰도록 했다. 그리고 그들의 삶을 추적해보니, 놀라운 차이가 발견되었다. 감정을 글로 쏟아낸 학생들이 병원에 훨씬 적게 간 것이다. 무려 43% 차이였다.[36] 마음을 털어놓으면 몸이 회복된다.

마음을 맑게 하려면 생각을 비워야 한다. 오염된 물을 흘려보내야 깨끗한 물이 들어오는 것처럼 비관으로 채워진 마음에는 희망이 들어올 틈이 없다. 오염된 물을 흘려보내는 작업이 바로 속내를 터놓는 일이다.

속내를 터놓는 일이 꼭 글쓰기여야 하는 건 아니다. 잘 맞는 상대에게 주저리주저리 떠드는 것만으로도 효과는 있다. 그러나 말에는 청자가 있고 청자의 반응에 따라 표현의 힘은 세지기도 무력해지기도 한다. 시큰둥한 반응이 돌아오면 실망하고 비난이 돌아오면 주눅든다. 비밀이 누설될 거란 생각에 후회할 수도 있다. 반면, 글쓰기에는 듣는 사람이 없다. 반응을 신경 쓰지 않고 속내를 털어놓을 수 있다.

 게다가 매일 글을 쓰면 놀라운 깨달음을 얻는다. 그건 바로, 쓸 말이 없다는 사실을 깨닫는 것이다. 운동선수를 꿈꾸던 청년이 있었다. 그런데 중요한 시합을 앞두고 사고를 당했다. 평생 하나의 목표만 보며 살아왔는데, 목적지가 사라졌다. 청년은 그 사건에 계속 집중했다. 그럴수록 비관적으로 변했고, 어떤 약물치료도 상담도 좌절감을 없애지 못했다. 나는 그를 글쓰기 워크숍에서 만났다. 청년은 글이 자신을 살릴 수 있느냐 물었다. 나는 대답 대신 숙제를 주었다. 매일 감정일기 쓰기. 슬픔이나 우울, 불안이나 공포, 분노의 감정도 괜찮았다. 그날 찾아온 나쁜 감정을 글로 써보기로 했다. 워크숍은 6주간 계속되었다. 하지만 청년은 숙제를 단 한 번도 제출하지 않았다.

 처음엔 감정을 회피한다 생각했다. 하지만 갈수록 청년의 표정은 밝아졌다. 농담도 곧잘 던졌다. 청년은 숙제를 하지 않은 이유를 고백했다. 별로 나쁜 일이 일어나지 않네요. 나쁜 감정을 느낄 일도 없고요. 그의 일상은 무료했고, 다른 말로 안전했다. 사고 이후 인생이 무너진 줄 알았지만 아무 일도 일어나지 않았다. 그의 인생은 희극이 아니었지만, 그가 괴로워할 만큼 비극도 아니었다.

어제 내린 비를 오늘 맞을 필요는 없다. 오늘이 맑다면 맑은 날씨를 누리면 된다. 인생을 집어삼킨 과거의 사건도 결국엔 지나간다. 삶은 예상보다 빠르게 단조로워진다. 과거에 대한 집념만 버리면 무사한 오늘을 살아낼 수 있다. 매일 의무적으로 글을 쓰려 하면 깨닫게 된다. 무탈한 날도 있구나. 할말이 없을 만큼.

글쓰기는 다양한 방식으로 우리를 살린다. 그중에 제일은 모든 일을 글감으로 만들어준다는 것이다. 제주 여행 중 오름에서 야생말에 물린 적이 있다. 집필이 막혀 글감을 찾아 떠난 여행이었다. 아름다운 경치를 보고 있으면 절로 아름다운 글이 나올 줄 알았다. 그런데 말에 물리기나 하다니. 당장 집으로 돌아가고 싶었다. 그러다 문득 이런 생각이 났다. 이거 책에 쓰면 재밌겠는데? 입꼬리가 슬쩍 올라갔다.

어떤 예술가는 종종 한탄한다. 진짜 행복하면 작품이 안 나와요. 부러 우울감을 찾기도 합니다. 마찬가지다. 쓰는 사람은 자기 인생을 작품으로 만드는 예술가다. 그런 사람들에게 일어난 일은 모두 이야기가 된다. 이야기에 머무는 이상 주인공의 비극은 더 이상 비극이 아니게 된다. 서사를 채울 에피소드가 된다.

가을은 책 읽기 좋은 계절이다. 이야기를 좇다 보면 나를 만나고, 쓰지 않고는 못 견디게 된다. 읽는 사람은 쓰는 사람이 된다. 쓰는 사람의 인생은 언제나 아름다운 이야기다.

일단 해봐야 알겠지만

 10월 13일은 '세계 실패의 날'이다. 실패의 날은 핀란드에서 시작되었다. 휴대폰 시장의 선두에 있던 노키아가 무너지면서 핀란드 경제도 함께 무너졌다. 사람들은 일자리를 잃고 삶을 포기하기 시작했다. 그때 창업을 준비하던 청년들이 사람을 모았다. 그리고 자신의 실패 경험을 나누는 자리를 만들었다. 이것이 평범한 대학생부터 각계 유명인사까지 퍼졌고, 그 경험들에는 분명한 메시지가 있었다. 위대한 성취 뒤엔 언제나 실패가 있었다고. 용기를 얻은 사람들은 창업에 도전했다.

 핀란드 게임회사 로비오는 51개의 게임을 개발하고 모두 실패했다. 회사는 파산 직전까지 갔다. 그러나 실패를 격려하는 문화는 계속되었고, 52번째 게임이 출시되었다. 〈앵그리버드〉였다. 실패를 축하하면서 핀란드는 스타트업 강국으로 우뚝 섰다.

실패를 바라는 사람은 없다. 모두 안전하고 확실한 길을 가려 한다. 검증된 길, 남들이 갔던 길, 익숙한 방식으로 살길 바란다. 그러나 어떤 삶도 실패 없이 꾸려갈 수 없다.

구직을 단념한 청년들을 만난 적이 있다. 한 청년이 조언을 구했다. 그 친구는 적성에 맞지 않는 첫 직장에서 마음고생이 심했다. 버티다 결국 튕겨 나와 한동안 무기력한 삶을 살았다. 그러다 결이 다른 두 가지 일에 흥미가 생겼다. 하나를 목표로 삼아 전념하고 싶은데, 뭘 선택해야 할지 고민인 상황이었다. 그는 물었다. 뭐가 더 저한테 맞는지 모르겠어요. 또 실패하고 싶진 않거든요. 해봐야 알겠지만… 강사님이 골라주시면 안 되나요? 나는 그 친구의 인생을 결정해주는 대신 이렇게 말했다. 본인 입에서 정답이 나온 거 알죠? 해봐야 알겠지만!

인생에 모범답안이 있다면 그것에 몰두하면 된다. 그러나 안타깝게도 정답지는 문제를 풀고 나서야 확인할 수 있다. 우리는 모두 다르다. 사업에 성공하는 사람이 있는가 하면 나앉는 사람도 있고, 안정적인 직장을 선호하는 사람이 있는가 하면 지루함을 못 참는 사람도 있다. 내가 어떤 사람인지, 어떤 길을 선택해야 하는지는 해봐야 안다. 도전하지 않고 머리만 굴리는 이유는 틀린 선택을 피하기 위해서다. 혹시 도전했다 실패하면 시간도 비용도 낭비니까. 조금도 우회하지 않는 지름길을 찾아내고 싶다. 인생의 모든 과정을 완벽하게 가고 싶은 것이다. 그러나 완벽주의에는 치명적 문제가 따른다. 지나치게 강박적이라는 것이다. 완벽하고 싶은 마음은 실패를 두렵게 한다. 모든 걸 한치에 오차도 없이 완수하고 싶게 한다.

비적응적 완벽주의maladaptive perfectionism[37]에 빠진 사람은 상황이 완벽하게 준비될 때까지, 확실한 길이 열릴 때까지 결정을 미룬다. 그러나 준비는 되는 게 아니라 하는 것이고, 확신은 오는 게 아니라 얻는 것이다. 가만히 앉아서 때만 기다리면 게으른 완벽주의자가 된다. 영원히 기다리다 아무것도 이루지 못하고 끝이 난다.

완벽의 기준을 과정이 아닌 결과에 두어야 한다. 성숙한 완벽주의는 높은 목표를 잡되 실패를 두려워하지 않는 것이다. 시행착오를 당연히 여긴다. 결국에 해내면 그만이기에 과정에서의 실패는 아무래도 괜찮은 것이다. 완벽해지려면 일단 해보는 수밖에 없다. 그리고 해보는 과정에서는 분명 실패를 마주한다. 실패는 성공으로 가는 필연적 코스다. 오히려 과정이 완벽하면 결과는 '뽀록'이 될 가능성이 크다.

나는 미치광이 완벽주의자였다. 한 자라도 틀리면 새 공책에 다시 필기를 시작할 정도로 약간의 오점도 허락하지 않았다. 인생도 마찬가지였다. 공부를 잘해서 내신을 잘 받고, 좋은 대학에 가서, 좋은 직장에 다녀야 했다. 평범하고 정답에 가까운 인생, 그것이 내가 추구하는 모습이었다. 그런 내가 인생에서 가장 거대한 오점을 남겼다. 고등학교 1학년 늦가을, 나는 자퇴서에 사인했다. 학교를 관두는 일은 쉬운 결정이 아니었다. 평범하게 사는 것만큼 안전한 삶은 없기에. 그걸 알면서도 내린 결정이었다. 그만한 가치가 있다고 믿었기 때문이다.

마지막 하굣길은 계절을 닮아 싸늘했다. 하지만 가슴이 뻥 뚫린 듯 시원했다. 기분도 전환할 겸, 미용실에 들러서 있는 힘껏 머리카락을 볶고 아빠의 가게로 향했다. 마침 아빠 친구들이 모여 있었다. 범상치 않은 내 머리에 한 아저씨가 물었다. 학교는? 아빠는 얼버무렸다. 지금 방학이지. 자퇴를 숨기는 게 당연했던 그런 시절이었다.

비범한 삶의 방식은 종종 실패로 비추어진다. 내 선택도 그랬다. 괴롭힘당한 애, 버티지 못한 애, 결국 도망친 애, 보편적인 길로 가지 못한 애. 나를 형용하는 모든 말이 나를 실패자로 만들었다. 나의 선택이 틀린 건 아닐까 두려워졌다. 그러나 일단 해보기로 결정했다는 것 자체가 나에게는 이미 성공이었다.

어쩌면 우리 삶은 실패에 도전조차 할 수 없게 세팅되어 있는지 모른다. 실패를 넘어야 성장할 수 있는데, 실패자라는 낙인이 길목을 막는다. 도전은 위험해, 시도는 낭비야. 다신 돌이킬 수 없을지도 몰라. 늘 안전하다고 여기는 곳에서 머물며 알아서 찾아올 놀라운 일을 갈망하며 수동적으로 살고 있는지 모른다. 우리에게는 마음껏 실패해도 되는 세상이 필요하다.

영화 〈탈주〉는 실패의 두려움을 극복하고 마침내 새로운 삶을 찾는 탈북자의 이야기를 그린다. 가난한 가정에서 태어난 북한군 규남은 희망 없는 하루하루를 살다 대한민국 라디오 방송을 듣게 된다. 퇴근 후 양념치킨과 맥주, 평범한 일상이 존재한다는 데 기대가 생긴다. 그는 탈주를 계획한다. 오래 알고 지낸 형이자 군부대 상사인 현상은 그를 붙잡고 타이르듯, 협박하듯 말한다. 남쪽이라고 다르지 않을 거라고. 그때 규남이 대답한다. "그래도 실패는 하지 않겠습니까? 해보고 싶은 거라도 실패하고, 또 해봤다가 실패하고, 멋지지 않습니까? 여기서는 실패조차 할 수 없으니 내 실패하러 가는 겁니다."

마음껏 실패해보라고, 그래야 정답을 알 수 있다 하면 누군가는 되묻는다. 한 번의 실수가 돌이킬 수 없는 결과를 가져올 수 있다고요. 그럴 땐 내가 참 좋아하는 말을 꺼낸다. "첫 단추를 잘못 끼웠더니 너무나도 스타일리시하다." 과거에는 첫 단추를 잘못 끼우면 세상이라도 무너지는 듯 겁을 줬다. 그러나 세상은 달라졌다. 물론 원래대로 입는 셔츠가 깔끔하고 예쁘겠지만, 다른 구멍에 단추를 끼우면 언밸런스 패션이 완성된다. 실패는 또 다른 이야기를 만든다. 평범하지 않지만 그래서 더 멋진, 개성으로 해석된 성공. 예상치 못한 경험은 인생에 얼룩을 남길 수도 있지만, 삶을 돋보이게 만드는 매력 포인트가 될 수도 있다.

우리는 인생에 오점 하나 남기지 않길 바란다. 그러나 가보기 전까지 어떤 길이 정답이고 오답인지 우리는 알 수 없다. 정답에 도달하기 위해 수많은 오답을 거쳐야 한다. 정답을 선택하면 다행이고, 오답이면 빠르게 나오면 된다. 목적지를 찾겠다고 노려보고 있어봐야 시간만 흐른다. 가자, 실패를 두려워 말자. 오답을 하나씩 지우면 결국에 정답이 남을 테니.

에디슨은 전구를 개발하기까지 천 번이나 실패했다. 하지만 그는 실패라 말하는 대신 전구가 작동하지 않는 천 가지 원리를 발견했다 했다. 인생은 성공과 성공으로 가는 과정, 딱 두 가지만 존재한다. 그러나 성공으로 가는 과정을 실패라 이름 붙이기에 망설이게 된다. 그럼 우리 실패 대신 이런 말을 쓰는 건 어떨까? 아직 덜 성공. 아직이라는 말 안에는 여전히 기회가 남아 있으니.

치료의 숲, 자연에서

깊숙한 시골로 출장을 떠났다. 좁은 도로, 급격한 회전, 양옆 어두운 숲의 그림자를 따라 산속 깊은 곳으로 들어가야 했다. 운전에 영 소질이 없는 나에게 반갑지 않은 길이었다. 식은땀이 났다. 정신을 가다듬고 핸들을 꽉 쥔 채, 도로만 주시하며 나아갔다. 일을 잘 마치고 집에 돌아오는 길에서야 정신이 돌아왔다. 그제야 눈에 들어온 풍경. 내가 아침에 올랐던 산길은 양옆으로 거대한 단풍나무가 즐비해 있었다.

느린 속도로 나무 길을 달렸다. 단풍잎에 반사된 햇빛이 금빛으로 반짝였다. 바람에 날리는 낙엽이 앞 유리를 훑고 날아가니 가을의 한가운데를 유영하는 기분이 들었다. 자연이 만든 캔버스는 완벽한 작품처럼 펼쳐졌다. 긴장이 풀리고 온몸이 회복되는 기분이었다. 자연은 그저 보는 것만으로도 나를 치유하는구나.

  10월의 마지막 주, 마감을 지키지 못한 초조한 상황이었다. 거의 삼 개월 정도를 단 하루도 쉬지 않고 달렸다. 쉴 새 없이 컴퓨터 앞에 앉아 자판을 두드려도 진도는 좀처럼 나가질 않았다. 다크서클이 팔자주름까지 내려온 채 머리를 쥐어뜯고 있는데, 그런 몰골을 도저히 못 보겠는지 남편이 나를 끌고 나와 차에 태웠다. 목적지는 근교 공원이었다. 급한데, 이럴 시간에 한 자라도 더 써야 하는데 마음이 편하지 않았다.

  불편한 마음으로 공원에 도착한 나는 와, 하고 할말을 잃었다. 단풍이 온 세상을 뒤덮고 있었다. 정말이지 너무 아름다워 경외감까지 느껴질 지경이었다. 하염없이 걷고 또 걸었다. 그렇게 두 시간 정도 머물고 돌아오니 정신이 맑아졌다. 누가 내 뇌를 청소한 것처럼. 아이디어가 떠오르고 정리가 술술 되었다. 단풍은 대체 나에게 무슨 마법을 부린 걸까?

회복
―

  인간의 주의력은 한정되어 있다. 쉴 새 없이 주의를 살피면 에너지가 소진되고 정신적 피로가 몰려온다. 생각을 잘하려면 때로는 생각을 멈춰야 한다. 그런데 그게 잘되지 않는다. 흰 곰을 생각하지 말라고 하면 평소 생각한 적도 없던 흰 곰이 자꾸만 떠오른다. 그게 인간이 머리를 쓰는 방식이다. 그래서 때로는 어떤 상태에 압도되어 생각을 멈추는 순간이 필요하다. 나는 단풍을 보다가 머릿속이 텅 비는 듯한 느낌을 경험했다. 머리를 짓누르던 피로감이 사라졌다. 혹시 자연이 나의 뇌를 회복시킨 걸까?

환경심리학을 연구하는 심리학자 리타 베르토와 연구팀은 학생들에게 자연 이미지, 또는 도시 이미지를 오랫동안 보여줬다. 그리고 주의력 테스트를 했다. 그러자 놀라운 일이 벌어졌다. 도시 이미지를 본 학생들의 주의력은 그전과 다르지 않았지만, 자연을 본 학생들의 주의력은 월등히 올라간 것이다. 자연을 보는 것만으로도 정신력은 회복된다.[38]

주의 회복 이론attention restoration theory에 따르면 정신적 피로는 자발적 주의 때문에 생긴다. 지금 당신이 이 글을 따라 읽기 위해 정신을 집중하는 것처럼 우리는 의도적으로 어딘가에 주의를 둔다. 그런 순간이 지속되면 뇌는 피로감을 느낀다(그렇다고 책을 덮으라는 뜻은 아니다. 곧 피로 회복 방법을 알려줄 테니 부디…). 정신적 회복은 비자발적 주의로부터 이루어진다. 비자발적 주의는 특별한 노력 없이 시선을 빼앗기는 것을 말한다.

비자발적 주의가 이루어지려면 네 가지 조건이 충족되어야 한다. 먼저 시선을 빼앗으면서도 자극적이지 않은 부드러운 매력이 있을 때 우리는 애쓰지 않고 주의를 돌린다. 업무나 고민거리에서 멀찍이 떨어진 탈일상이어야 하고, 충분히 넓고 깊은 공간일수록 좋다. 그리고 개인의 필요와 욕구에 잘 들어맞는 적합성이 충족될 때 우리는 자발적 노력 없이 주의를 둘 수 있다.[39]

자연은 이 네 가지 조건을 모두 충족한다. 흔들리는 나뭇잎, 흐르는 시냇물은 튀지 않으면서 눈길을 사로잡고, 자연과 관련된 직업이 아닌 이상 일상과 멀찍이 떨어져 있다. 자연은 언제나 광활하고, 아름다움을 추구하는 인간의 마음에 딱 들어맞는다. 자연을 보는 동안 우리 뇌는 주의를 두면서도 힘을 들이지 않고 자연히 피로감이 회복된다.

몰입

인간의 머릿속은 소음으로 가득하다. 기대, 욕심, 부담, 의무감, 책임감 등에 파묻혀서 해야 할 일을 고민한다. 또 후회, 아쉬움, 두려움 등으로 지난 일을 곱씹는다. 속이 시끄럽다. 그릴 때 자연이 주는 힘은 놀랍다. 단풍잎으로 온통 빨갛고 노랗게 세상이 가득 찰 때 우리는 그 색감에 압도된다. 아무런 생각도 나지 않는다.

칙센트미하이는 행동이나 경험에 완전히 빠지는 상태를 **몰입**flow이라 불렀다. 몰입에 빠지면 자의식도 사라지고 시간의 흐름도 잊는다. 오로지 그 자체에 빠진다. 몰입하는 동안 생각이 멈추고, 스트레스가 사라진다. 무엇보다 몰입 상태에 빠지면 가장 깊은 행복감을 느낀다.[40]

살면서 어딘가에 쉽게 몰두할 수 있을까? 권태로운 일상과 바쁜 일정 사이에 널을 뛰며 균형 잡기도 바쁜데 말이다. 그럴 때 단풍과 같이 시각적으로 압도되는 자연을 마주하면, 우리 마음은 완전히 사로잡힌다. 그 공간 말고는 아무것도 생각할 수 없게 된다. 그리고 무엇보다 깊은 행복에 빠진다.

감정

자연이 주는 힘은 그 자체로도 놀랍지만, 그중 단풍만이 가진 특별한 매력은 아마도 색감일 것이다. 색채 심리학에 따르면 색감마다 일으키는 감정이 다르다. 초록색을 보고 있으면 평온함이 느껴지고, 파란색을 보고 있으면 차분함과 평화가 떠오른다. 회색은 우울감을, 검은색은 권위나 슬픔을 부른다.[41]

　단풍의 색은 어떨까? 빨강은 정열과 사랑의 색이다. 보고만 있어도 에너지가 샘솟는다. 주황색은 활기차고 따뜻한 느낌을 준다. 그리고 노란색은 행복과 기쁨을 느끼게 한다. 이 세 가지 색감으로 뒤덮인 세상을 보고 있으면 우리의 감정이 어떻게 될지, 설명하지 않아도 뻔하다. 그래서 그랬나 보다. 단풍을 보고 오니 힘이 솟았다. 빨리 돌아가서 일을 할 수 있을 것만 같았다.

　가을이면 으레 계절의 행사처럼 단풍놀이를 떠난다. 인증을 위해 사진을 찍고, 막히는 교통 체증에 짜증도 난다. 하지만 단풍을 본다는 건 단순한 유희가 아니다. 지친 일상에서 벗어나 자연이 만들어준 거대한 쉼터로 들어가는 일이다. 화려한 색감에 압도되어 생각 없이 걷다보면, 마음속 묵직했던 것들이 가벼워지는 걸 느낀다. 이토록 단순한 행위가 우리를 회복시킨다는 사실이 신비롭다.

　바쁠수록 시간을 내어 치유의 숲으로 떠나자. 단풍이 절정에 이를 때쯤, 우리 마음도 절정에 이르는 축복을 받을 테니.

10월의 마음사전

세계 실패의 날
(10월 13일)

경제가 어려워진 핀란드에서 창업을 준비하던 사람들이
실패 경험을 나누는 자리를 만들었다. 평범한 사람부터
유명인사까지 모두에게 실패는 공평하며, 성취 뒤에는 언제나
실패가 있었다는 사실을 나누고 용기를 공유하는 날이다.

10월의 할일

감정일기 쓰기

　　그날의 슬픔, 우울, 불안, 분노 등
　　나쁜 감정을 짧게 기록하기

평소에 잘 읽지 않았던 분야의 책,
혹은 처음 보는 작가의 책을
골라서 읽어보기

11
| 월 |

잃은 것의 기쁨을 받아들이는 달

진짜 삶은 언제부터 시작될까.
그 삶에서 우리는 무엇을 하고 있을까.

세월을 받아들이는 용기

11월, 아름다운 단풍이 빛을 잃는다. 낙엽이 마치 내 정수리에 솟아나는 흰 머리 같다. 자연스러운 현상인데, 왜 마음이 아픈 건지. 같이 늙어가는 처지라 그런가, 나무에 괜히 감정을 이입하게 된다. 아줌마, 안녕하세요? 아줌마, 어디 가세요? 나는 요즘 아줌마 소리를 제법 듣는다. 어떤 어린이는 지나치게 예의 바르게 말을 건다. 강아지 만져봐도 되나요, 아주머니? 아주머니라니, 맞는 말인데 묘하게 신경이 쓰인다.

노화는 당연한 변화다. 초록 잎에 단풍이 들고 낙엽이 되는 것처럼 자연다운 현상이다. 그럼에도 노화를 받아들이는 일은 어렵다. 노화는 곧 약화, 퇴화를 닮았기 때문이다. 노화는 겉모습에 반갑지 않은 변화를 일으킨다. 흰머리, 검버섯, 주름과 심술보 표정, 근육은 약해지고, 필요하지 않은 부분에 살이 붙는다. 키는 작아지고, 허리는 굽어가고, 아름다움을 잃어간다. 여기서 일차적 슬픔에 빠진다. 그리고 인지 능력에도 변화가 찾아온다. 처리 속도가 느려지고, 기억이 가물가물하고, 익숙하던 일에 실수가 잦아지는 건 물론 새로운 기술을 배우기도 어렵다. 복잡한 종류의 메뉴판 읽는 법을 겨우 배워놨더니 이제는 기계로 주문하란다. 낯선 기계 앞에서 헤매는 사이 등 뒤에서 들려오는 젊은 친구들의 한숨에 주문을 포기한다.

많은 사람들은 노화를 인생의 패배처럼 본다. 늙으면 죽어야지, 다 늙어서 무슨 소용이야, 하며 부정적 표현도 늘어간다. 그런 태도는 진심이든 아니든 건강에 좋지 않다. 노화를 자연스럽게 받아들이는 사람이 노화에 대해 나쁘게 말하는 사람보다 평균 7.5년이나 더 오래 산다는 연구 결과도 있다.[42] 늙으면 죽어야지, 하면 진짜 일찍 죽는다.

아들러 심리학의 대가로 잘 알려진 기시미 이치로는 『늙어갈 용기』에서 나이에 대한 열등감은 노화를 수직적 관계로 바라보기 때문에 생긴다고 주장했다. 노화는 우리와 함께 가는 친구다. 수평적 관계를 유지하며 자연스럽게 받아들여야 한다. 그런데 노화라는 절대 권력이 나를 망가뜨린다고 믿으면 인생에 진다. 시간이 나를 잡아먹는다고, 어쩔 수 없이 당하는 것이라고 여기면 우리는 시간의 을乙이 된다. 한편 어떤 사람은 노화의 수직적 관계를 유지하며, 오히려 갑(甲)이 되기로 결정한다. 패배자가 되는 대신 드센 사람이 되려는 것이다. 지지 않고, 받아들이지도 않겠다는 마음이 강해지면 완고하고 편협한 사람이 된다. 그렇게 꼰대가 된다.

꼰대는 나의 경험만이 정답이라 믿는 사람이다. 내 경험이 온 세상을 설명한다고 확신할 때, 내 방식을 강요하게 된다. 나 때는 이렇게 행동하지 않으면 혼났기 때문에, 저렇게 결정하지 않으면 망했기 때문에, 너도 그렇게 해야 한다는 강요, 그것이 꼰대의 주 업무이다. 그러나 저마다의 세상은 다르다. 나에게 바다는 빠져 죽을 뻔한 위험한 장소지만 해녀에게 바다는 생을 이어 나갈 귀중한 보물창고다. 나에게 정답이 그에게 오답일 수도, 나에게 오답이 그에게 정답일 수도 있다.

우리는 노화를 빛나게 만들 수 있다. 바로 성장으로 말이다. "Growing old is mandatory, but growing up is optional." 월트 디즈니의 말처럼 노화는 필수지만 성장은 선택이다. 성장을 위해서는 변화를 받아들여야 한다. '나 때는' 피부가 벌겋게 익으면 생감자를 갈아 피부에 올려두었다는 할머니 혹은 할아버지가 지금 손주에게 그렇게 해주면 며느리가 뒷목을 잡을 것이다. 화상에 잘 드는 연고가 있으니 그것을 쓰면 된다. 옛날엔 다 이러고 살았다. 그 한마디는 젊은 세대와의 사이에 건널 수 없는 강을 만든다. 술과 야근을 강요하던 세상은 끝났다. 대신 점심시간에 커피를 마시며 대화를 나눈다. 며느리가 차례를 지내던 세상도 끝나간다. 이젠 명절이면 다 같이 휴양지로 떠난다. 종이책 대신 전자책을 찾는 사람이 늘어나고, 즉석밥 덕분에 전자레인지는 필수이지만, 밥솥은 필요 없게 되었다. 나중에는 물도 사 먹겠다는 농담도 현실이 되었다.

변화를 받아들이는 건 쉽지 않다. 그러나 세상은 변화하고, 우리는 그 세상을 살아야 한다. 과거는 붙잡을 수 없다. 변화에 적응해야 한다. 세상이 바뀔 때 그것을 배우려는 사람이 진짜 어른이 된다. 연륜과 지식을 갖춘 의지하고 싶은 어른이 된다.

요즘은 '고잉그레이'가 열풍이다. 흰머리를 염색하지 않고 패션으로 받아들이는 새로운 생활방식이다. 노화를 자연스럽게 받아들이고, 멋으로 표현하는 것이 얼마나 근사한지. 물론 머리 전체를 은발로 덮기까진 엄청난 품이 든다. 처음에는 여기저기 지저분하고 억센 새치가 자기주장을 펼칠 것이니까. 인고의 시간을 거쳐야 비로소 멋진 은발이 된다. 성숙한 어른이 되는 것도 마찬가지다. 과거의 나와 현재의 내가 어우러지지 못해 갈등하는 시기는 찾아온다. 그러나 그 시기를 견디고 나면 사랑스럽게 나이든 내가 된다.

가끔 밤 산책 중 시끄럽게 떠드는 청소년들과 마주한다. 예전에는 철없고 정신 사나워 시끄럽다고 생각했던 애들이 요즘엔 싱그럽고 예쁘다. 저 때로 돌아가고 싶단 생각도 든다. 그러다 정말 신이 나타나 십 대로 돌려주겠다고 한다면 나는 쉽사리 대답하지 못할 것 같다. 대신 협상을 시도해보려 한다. 혹시… 지금 뇌를 고대로 가지고 갈 수 있을까요?

세월을 겪으며 얻어낸 지혜가 있다. 그것이 없이 그 시절로 돌아가면 나는 좌충우돌 사고뭉치의 삶을 또다시 살아야 한다. 생각만 해도 머리가 지끈거린다. 청춘은 싱그럽지만 나는 지금의 내가 더 좋다. 늙어감이 나에게 준 선물이다. 늙어감은 더 나은 나를 만들어냈다는 성취감이다.

초록이 사라진 나무를 보면, 허무함이 밀려온다. 그러나 사람들은 낙엽을 주워서 책갈피로 만들며 나름의 매력을 찾아낸다. 어른의 매력도 낙엽을 닮았다. 바랬지만 바래서 더 매력적이다. 늘어나는 흰머리를 보면 뭘 했다고 벌써 이렇게 늙었나 싶지만, 젊고 신선한 아름다움이 절대 흉내 낼 수 없는, 나이 듦의 우아함이 있다.

나이 듦은 낡음이 아닌 물듦이다. 품격 있는 색을 덧입는 과정이다. 그래서 오늘도 바래질 용기를 낸다. 바래진 만큼 나는 아름다워진다.

성숙한 이별의 방식

할머니가 돌아가셨다는 엄마의 메시지를 받았을 때 슬픔이 아닌 의아함이 먼저 찾아왔다. 두 달 전부터 의식 없이 요양원에 계신 분은 할아버지였으니 말이다. 할아버지겠지, 답장하고 장례식 갈 채비를 했다. 다시 알람이 울렸다. 할머니가 돌아가셨어, 어제 새벽에.

요양원에 할아버지를 모신 후 마음의 준비를 하라는 말을 몇 차례나 들었다. 당시 나는 긴 여행을 앞두고 있었는데 어떤 결정을 내려야 할지 몰랐다. 여행을 취소하자니 이별을 기다리는 듯 해서 싫었고, 여행을 가자니 할아버지의 마지막을 못 볼까 봐 싫었다. 그러나 일상은 계속되어야 했다. 나는 계획한 삶을 살기로 했다. 여행을 다니면서 할아버지는 지금쯤 어디에 있을까 상상해봤다. 육신은 누워있으나 의식은 없으니, 그

영혼이 어딘가를 향하고 있을 것 같았다. 그때 하늘에 기차를 닮은 구름이 보였다. 저 기차 안에 선한 영혼들이 타고 있다는 상상을 했다. 할아버지도 어쩌면 저 안 창가 자리에 앉아 가장 예쁜 풍경을 보고 있는 건 아닐까. 그렇게 찬란한 곳으로 곧 출발하는 건 아닐까. 이렇게 나는 천천히 이별을 준비하고 있었다. 그런데 할머니라니. 할머니의 영정사진과 눈이 마주칠 때마다 눈물이 왈칵했다.

얼마 후 할아버지가 돌아가셨다. 그날의 분위기는 할머니의 장례식과는 달랐다. 이별 앞에서 어쩐지 덤덤했다고 해야 하나. 두 번의 장례를 연달아 치뤄서도 아니었고 할아버지를 할머니보다 덜 사랑해서도 아니었다. 할머니는 너무 갑작스럽게 떠났고, 할아버지와의 이별은 준비되었기 때문이었다. 슬프지 않은 이별은 없겠지만 슬픔의 크기는 저마다 다르다.

사랑하는 사람을 떠나보내는 데는 과정이 존재한다. 처음에는 슬프다가 결국에는 털어낸다. 그러나 어떤 이별은 흐르지 못하고 어느 구간에 고여 아픔으로 굳는다. 예기치 못한 이별이 특히 그렇다. 받아들이기 어렵고 더 오래 생채기를 남긴다.

갑작스러운 이별이 찾아오면 놓친 것이 자꾸 떠오른다. 이를테면 이런 생각들. 조금만 더 사랑한다고 말해줄 걸, 더 다정하게 대해줄 걸, 하며 부족한 자신을 탓하게 되는 생각. 또는 내가 그날 같이 있었더라면, 안부 전화를 했다면, 신호가 1분만 일찍, 아니 늦게 바뀌었더라면… 하며 비극을 피할 수도 있었다는 생각. 이런 순간이 쉴 새 없이 떠올라 자신에게 원망을 돌리게 한다. 다른 선택을 했다면 마치 지금은 후회하지 않을 거라는 듯이.

그러나 이 마음은 착각이다. 우리는 잘 상상되고 잘 떠오르는 사건이 더 쉽게 일어난다고 믿는다. 자동차 사고가 일어날 확률이 더 높은데도 비행기 사고를 더 두려워하는 것처럼 말이다. 이런 착각을 **시뮬레이션 휴리스틱**simulation heuristic이라 부른다.

갑작스러운 이별이 찾아오면 아쉬운 순간이 더 잘 떠오른다. 잘 떠오르는 만큼 돌이킬 수 있었단 생각도 든다. 비극은 어긋난 결정들이 퍼즐처럼 맞춰지면서 일어난다. 마치 나를 놀리는 것처럼, 단 한 번이라도 그 연결고리를 끊었다면 일어나지 않았을 일처럼. 그걸 해내지 못했다는 생각이 자신을 미워하게 만든다.

하지만 다르게 생각해보자. 우리는 하루에도 수백 번 선택의 기로를 지난다. 비극을 제외한 모든 순간에 비극을 피하는 선택을 해왔다. 어쩌면 지금도 더 큰 비극을 피하고 있을지 모른다. 미래를 모르는 우리는 순간의 결정에 최선을 다하고 그 결과는 우리에게 달려 있지 않다. 후회는 지난 후에야 선명해진다. 그래서 그 일이 일어나기 전으로 돌아가면, 여전히 같은 선택을 할 것이다. 일어날 일은 일어난다. 우리는 그것을 바꿀 수 없다.

살아있는 한, 우리는 사별자가 된다. 섭리에 따라, 사고 때문에, 때로는 선택으로 인해. 가족, 소중한 사람, 반려동물까지 우리는 이별을 막을 힘이 없다. 그래서 성숙한 애도의 방식을 배워야 한다. 애도 전문가 데이비드 케슬러는 애도에도 단계가 있음을 말한다. 처음 이별 소식을 들을 때 사람들은 눈과 귀를 닫고 현실을 '부정'한다. 그러다 현실감을 찾으면 '분노'하기 시작한다. 분노의 대상은 신이나 세상, 심지어 나를 떠난 그 사람이 될 수도 있다. 이 단계에서 왜 나만 두고 갔느냐고, 왜 나에게 이런 아픔을 주느냐고 원망할 수도 있다. 그리고는 '타협'을 시작한다. 꼭 그런 일이 일어났어야 했나? 만약에 이랬다면? 이런 생각을 통해 돌이킬 방법이 정말 없었는지 분석해본다. 그 방법이 떠오르든, 떠오르지 않든 바뀌는 건 없기에 결국 '우울'해진다. 하지만 이 모든 단계에서 충분히 아파하고 나면 감정은 소멸한다. 마침내 이별을 '수용'한다.

지금까지가 애도의 다섯 단계라면 한 단계 더 나아가는 사별자들이 있다. 이들은 죽음을 통해 '의미'를 찾는다. 자신이 이겨낸 아픔을 타인에게서 보게 된다면, 그것은 그의 사명이 된다는 말이 있다. 의미 단계에 도달한 사람은 이별의 아픔을 겪고 있는 사람을 위로하고, 그들과 연대하고, 또 다른 아픔이 발생하지 않도록 애쓴다. 그렇게 이별에서 더 큰 의미를 찾아낸다.[43]

아내를 죽인 악당을 속 시원하게 처단하는 영화 〈존 윅〉은 많은 사랑을 받아왔다. 정의를 구현하는 아찔한 복수에 관람객은 열광한다. 그러나 영화는 영화일 뿐, 현실은 어떨까? 나는 종종 존 윅의 아내의 마음을 상상해봤다. 하늘에서 남편을 바라보는 아내가, 당신이 나 대신 복수를 해줘서 속이 다 시원해. 앞으로도 다 죽여 버려줘! 이렇게 말할까? 나라면, 남편이 후회와 분노에 사로잡혀 복수로 인생을 채우는 모습이 우리가 이별한 것보다 더 슬플 것 같다. 나로 인해 더 아파하지 않고 행복했으면 한다. 그것이 내 사랑의 방식이다. 우리의 숙제는 떠난 이를 위한 애도를 하는 것. 당신이 아파하는 모습을 결코 바라는 법이 없는 그 사람의 마음을 헤아려주는 것이다.

할머니와의 추억을 거슬러 오르다보니 문득 떠오른 장면이 있다. 나의 결혼 후 신혼집에 놀러 온 할머니는 거실 소파에 앉아 흐뭇한 미소를 지었다. 그리고 "됐다." 두 글자를 토해냈다. 되긴 뭐가 되느냐며 우리는 웃었다. 하지만 할머니의 진심을 느낄 수 있었다. 손주가 행복한 가정을 이루길 바라는 할머니의 간절한 소망이 눈앞에 현실이 되었음을 알리는 말, 됐다. 자녀의 행복이 언제나 우선이었던 할머니, 그런 할머니는 남은 우리에게 어떤 모습을 기대할까. 미안한 마음으로 후회하는 모습, 당신이 그리워서 괴로운 모습? 아닐 것이다. 할머니는 우리가 다 털고 행복해 할 때 이렇게 말할 것이다. 됐다. 어서 털고 일어나야 하는 이유는 그것이 떠난 이를 위한 예의이자 사랑을 지키는 마지막 노력이기 때문이다.

할머니를 떠나보낸 지 일 년이 지났다. 그리고 처음 꿈에서 할머니를 만났다. 내 방 침대에 고요히 누워 쉬던 할머니는 이제 간다고 인사했다. 살갑지 못했던 손녀는 아쉬움을 토하는 대신 할머니 입술에 입을 맞췄다. 할머니에게 여전히 중요한 것은 나의 행복이므로. 나는 보란 듯이 행복한 삶을 살 것이다. 나를 위해, 할머니를 위해.

각본 없는 삶

한국인으로 태어나서 결코 피할 수 없는 관문, 수능이 끝났다. 많은 학생들이 드디어 고생 끝이라며 자유를 만끽하지만 어른들은 말한다. 진짜 삶은 이제부터라고. 하지만 정작 그 '진짜 삶'이 뭔지는 아무도 가르쳐주지 않는다. 진짜의 삶을 살아보지 않은 친구들은 대학 입학 후 얼마 되지 않아 마주한 현실에 절망하게 된다. 대학에 들어간 후 진로를 결정하는 데 큰 압박을 느낄 것이고, 성적에 맞춰 선택한 학과는 적성에 맞지 않아 혼란스러울 것이고, 적성에 맞는 학과는 돈벌이가 되지 않는다는 사실을 깨닫게 될 것이다. 길지 않은 그동안의 인생이지만 내내 공부하며 도착한 곳에서 성공적인 인생의 문을 연 게 맞는지 불안해질 것이다.

대한민국에서 삶은 이미 정해진 각본을 따르는 것처럼 느껴진다. 태어났으니 유치원에 가고, 초등학교에 가고, 중학교에 가고, 고등학교에 간다. 그리고 최종 목적이라 믿는 대학교에 간다. 그렇게 하라 하니 그렇게 한다. 그렇게 하면 다 잘 풀릴 것만 같다. 하지만 인생의 각본은 청년의 때에서 끊긴다. 앞으로 남은 이야기는 직접 써야 한다. 한 번도 스스로 선택해본 적 없기에 막막한 청년들은 주변을 기웃거리며 남들이 쓰는 인생을 커닝해본다. 남들 가는 직장에 가고, 또 그렇게 재미없는 인생을 산다. 살아지는 대로 살아간다.

돈 때문에 해서는 안 될 일을 해본 적이 있느냐. 이 질문에 누군가 답했다. 출근이요. 우리는 보통 돈 때문에 일한다. 그러나 그런 삶에는 즐거움이 없다. 해야 해서 하는 일은 우리를 웃게 만들 수 없다. 진정한 성공이란 자신이 좋아하는 일을 지속할 수 있는가에 달려 있다. 그런 의미에서 덕업일치의 삶을 추구하지 않을 수 없다. 덕업일치란 취미를 뜻하는 일본어 오타쿠オタク의 한국어 발음인 '오덕' 그리고 '직업'이 일치된다는 말로, 좋아하는 일을 직업으로 삼는다는 뜻이다. 그리고 좋아하는 일을 하며 산다는 건 일이 곧 즐거움이 된다는 뜻이다.

『달과 6펜스』의 스트릭랜드는 증권가에서 일하던 평범한 직장인이었다. 그러나 어느 날 그는 모든 일을 그만두고 가족까지 버리고 그림을 그리러 떠난다. 그림을 그리지 않고는 못 견디겠다며, 결국 죽는 날까지 그림에만 몰두한다. 우리 안에 흥미와 즐거움이 간절해져 행동하지 않고는 못 배기게 만들 때가 있다. 눈앞에 맛있는 음식을 보고 견디지 못하는 것처럼, 지금 그 일을 꼭 하고 싶다는 마음이 들 때가 있다. 이렇게 내면에서 발생하는 동기를 **내재동기**intrinsic motivation라 한다.[44]

해야 해서 하는 사람은 하고 싶어서 하는 사람을 뛰어넘을 수 없다. 하고 싶은 사람은 하고 싶은 마음 자체가 목적이어서 하기를 멈추지 못한다. 그리고 즐거움에 한정되었던 일이 계속되다 보면 결국에 생산적인 일까지 이루게 만든다.

그렇다면 좋아하는 일은 어떻게 찾을 수 있을까? 그 일은 그냥 문득 떠올라서 해보고 싶을 수도 있지만, 아직 발견하지 못했을 수도 있다. 나는 캐비어를 먹어본 적이 없는데, 그래서 캐비어가 맛있는지 없는지 알지 못했다. 비싼 재료니 상상으로 맛있을 것 같다 예상할 뿐이었다. 그런데 막상 먹어보니 그냥 그랬다. 경험해보지 않으면 내가 좋아할지 싫어할지 알 도리가 없다. 좋아하는 일도 마찬가지다. 집에서 연구만 하던 교수는 춤을 춰보기 전까지 자신이 춤에 소질이 있는지 알 수 없고, 요리만 하던 주부는 팔아보기 전까지 자신이 영업에 소질이 있는지 알 수 없다. 좋아하는 일이 없는 것 같다면, 아직 좋아하는 일을 해보지 못한 것이다.

　닥치는 대로 뭐든 해봐야 한다. 목적지 없이 버스를 타고 하염없이 바깥 구경을 하면서 세상에 어떤 일이 벌어지는지 보고, 충동적으로 내려 이름 모를 식당에 들어가볼 수도 있다. 처음 본 길을 걸으며 생소한 세상과 인사하는 순간도 필요하다. 다양한 직업을 체험해보는 것도 좋다. 완전한 직장을 정하기 전까지 여러 아르바이트를 해보는 것이다. 사람을 만나는 일, 물건을 판매하는 일, 무언가 만드는 일, 밖에서 일하거나 안에서 하는 일 등등. 다양한 상황을 접하면 진짜 싫은 일과 꽤 괜찮은 일, 그리고 계속하고 싶은 일이 나뉜다.

　나는 고등학교 시기 동안 교대에 가야 한다는 압박을 여러 번 받았다. 하지만 누군가를 가르치는 일은 나와 어울리지 않는 것 같았고 나는 하고 싶은 일을 찾을 거라며 귀를 막아버렸다. 대학원을 다니는 동안에도 계속해서 하고 싶은 일을 찾아 헤맸는데, 그러던 와중 등록금 때문에 학원 강사 아르바이트를 시작했다. 황당하게도 가르치는 일은 제법 나와 맞았다. 아니, 즐거웠다. 수업을 준비하고 아이들을 만나는 게 기대되었다. 경험하지 않고는 몰랐을 일이다. 그때부터 나의 목표는 강사가 되었다.

　세계가 열광하는 봉준호 감독은 어릴 때부터 영화광이었

다고 한다. 그런 그도 태어날 때부터, 난 영화가 좋아! 하며 울지는 않았을 테다. 책도 읽고, 놀이터에서도 뛰어놀았을 것이다. 그러나 영화를 틀고 TV 앞에 앉았을 때 가장 가슴이 뛴다는 걸 알았을 것이고, 그 뜨거움이 지금의 명작들을 탄생시켰다. 그러니 해봐야 안다. 그래야 내가 무슨 일을 좋아하는지 알게 된다.

이렇게 말하면 덕업일치가 마치 특별한 사람들만의 영역처럼 보이기도 한다. 저는 그냥 평범한 직장인인데요. 봉준호까지는 바라지도 않는다고요. 하지만 덕업일치의 목적은 대단한 성과물이나 작품활동이 아니다. 지난한 경쟁 끝에 이룰 승리도 아니다. 그냥 일하는 과정이 즐거운 삶, 그뿐이다.

운전을 좋아한다고 F1 선수가 될 필요는 없다. 출장이 잦은 일을 찾고 이동을 즐기면 된다. 사람을 잘 위로한다고 반드시 상담가가 될 필요도 없다. 직장에서 동료의 고민을 들어주며 힘이 되어주면 회사생활이 보람찰 것이다. 음악을 좋아한다고 꼭 음악가가 될 필요는 없다. 카페 아르바이트를 하면서 오늘 선곡을 어떻게 할까 고민하면 그 시간이 덕업일치를 이루는 순간이다. 매 순간 좋은 일이 들어올 틈만 주면 충분하다.

덕업일치를 이루면 삶이 행복할까? 그러나 여기엔 함정이 있다. 좋아하는 일에 보상이 주어지면 흥미가 떨어지기 때문이다. **자기 결정성 이론**self-determination theory을 창시한 데시와 라이언은 사람들에게 흥미로운 퍼즐을 풀게 했다. 그리고 어떤 사람들에겐 잘했다고 돈을 주고 어떤 사람들은 칭찬하고 어떤 사람들은 그냥 가만히 놔뒀다. 그리고 퍼즐을 더 하는지 지켜봤다. 그 결과 돈을 받은 사람들은 퍼즐을 하다 말았다. 아무리 흥미로운 일도 보상이 따르면 마음이 식는다. 이렇게 보상이 내재동기를 떨어트리는 현상을 **과잉 정당화 효과**overjustification effect라 부른다. 내가 이 일을 한 이유를 보상이 정당화하면서, 반대로 보상이 없으면 해야 할 이유를 잃어버리는 것이다. 마찬가지로 좋아하는 일이 직업이 될 때, 수입과 명예와 인정을 받게되지만 그러면 목적이 뒤집힌다. 이제 일은 대가를 위해 하는 일로 전락한다. 그래서 덕업일치를 이루고 나면 보상보다 본질적인 즐거움을 잊지 않도록 노력해야 한다.

돈보다 가슴 뛰는 경험을 유지해야 한다. 처음 이 일을 시작했을 때 설렘을 기억하고, 입으로 소리 내어 말하거나 글로 선포하는 것도 좋다. 말에는 힘이 있다. 무엇보다 같은 꿈을 가진 사람들과 자주 소통하자. 내 곁에 있는 사람은 나의 현재고 나의 미래다. 돈, 돈, 하는 사람과 같이 있으면 돈이 목적이 되고, 꿈, 꿈 하는 사람과 같이 있으면 꿈을 잊지 않는다.

수능이 끝났다고 해서 진로가 결정된 건 아니다. 인생 방향은 언제든 바꿀 수 있다. 그 시기는 20대일 수도 있고, 30대일 수도 있고, 50대, 심지어 70대일 수도 있다. 영화 〈행오버〉로 알려진 배우 켄 정은 의사 생활을 하다가 30대에 배우 생활을 시작했고, 웨딩드레스 디자이너 베라 왕은 피겨스케이팅 선수였다가 40대가 되어서야 자신의 브랜드를 론칭했다. 그랜마 모지스는 75세에 그림을 시작해 101세까지 화가로 활동했다.

　진짜 삶은 언제부터 시작될까? 그 삶에서 우리는 무엇을 하고 있을까? 잠시 멈춰 나에게 질문하는 시간을 가져보자. 나는 과연 무엇을 할 때 행복한가?

| | 11월의 마음사전

덕업일치

일본어 오타쿠(オタク)의 한국어 발음인 '오덕'과 '직업'이
일치된다는 말로, 좋아하는 일을 직업으로 삼는다는 뜻이다.
좋아하는 일을 하며 산다는 건 일이 즐거움이 된다는 뜻이다.
하지만 덕업일치를 이룬다고 삶이 행복할까?
그것은 다른 문제다.

11월의 할일

내가 무엇을 할 때 가장 행복한지
하나 떠올려보기

그리고 그것을 내일 당장
시작하기

12
| 월 |

행복에 대해
생각하는 달

행복은 되는 게 아니라 하는 것.

나의 행복 점수는

메리 크리스마스!

머리맡에 놓인 선물을 기대하며 잠든 시절이 있었다. 다 자란 우리에게 그런 감동적인 선물은 사라진 지 오래다. 그렇지만 오늘 나는 당신에게 행복을 선물로 드리고 싶다. 이 글을 읽고 나면 당신은 행복을 얻게 된다.

잠시 눈을 감고, 나에게 있어 행복은 무엇인가, 정의해보자. 한 단어여도 괜찮고, 여러 문장이라도 좋고, 어떤 장면이라도 괜찮다. 행복은 이거다, 나만의 답을 내려보자. 얼렁뚱땅 다음 문장으로 넘어가려 하지 말고. 아직도 눈을 뜨고 있다면 이제 정말 눈을 감고 나에게 행복은 이것이다, 하고 정의해보자.

행복이란?
:

자, 지금 우리는 행복에 대해 정의를 내렸다. 이제 행복을 선물 받는 작업을 진행할 것이다. 바로 채점이다. 어린 시절 내내 성적의 족쇄였는데, 행복에도 채점이 있느냐고 괴로워하지 않아도 된다. 오답을 빨리 발견할수록 정답에 가까워지니까. 지금부터 세 가지 기준에 맞춰 우리의 행복을 채점할 것이다. 당신의 행복을 채점하며 답을 조금씩 수정해보길 바란다.

구체적 행복

어떤 사람이 행복을 이렇게 정의한다. 행복이란, 평온한 삶입니다. 아주 좋다. 자 그럼 이제 행복할 차례다. 행복은 평온한 삶이다. 이제부터 평온하시면 된다. 시작!

할 수 있을까? 쉽지 않다. 평온이 뭔지, 어떻게 얻을 수 있는지 알 수 없기 때문이다. 행복한 삶을 살기로 아무리 다짐해도 행복이 추상적이면 행복에 다가갈 수 없다. 뭘 어떻게 해야 할지 알 수 없어서다.

그렇기 때문에 행복은 구체적이어야 한다. 구체적이라는 말은 감각적이라는 말이다. 쉽게 말해 오감으로 느낄 수 있어야 한다. 나는 무엇을 볼 때 행복한가. 나는 어떤 소리를 들을 때 행복한가. 어떤 맛을 보면 행복해지는가. 무엇을 만지면 행복해지는가. 어떤 향이 나를 행복하게 만드는가. 이렇게 감각할 수 있는 행위로 행복을 정의할 때, 우리는 당장에 그 행위를, 다시 말해 행복을 할 수 있다.

정유미 배우가 한 인터뷰에서 했던 말이 인상적이었다. 그는 여행지에 도착하면 새로운 향수를 사고, 여행 내내 그 향수를 뿌린다. 그리고 집에 돌아와 그 향수를 뿌리면 여행의 추억이 떠오른다고 했다. 향기로 자신의 행복을 정의한 것이다. 여태껏 추상적으로 정의했던 행복을 구체적인 감각들로 재해석해보자. 이런 질문에 답해봐도 좋다.

생각만 해도 마음이 따뜻해지는 사람은?
생각만 해도 미소가 떠오르는 동물은?
생각만 해도 군침이 도는 음식은?
생각만 해도 기분 좋아지는 음악은?
생각만 해도 그리운 장소는?

이게 당신의 행복이다. 행복이 뭔지 알겠다면, 시간을 내서 부지런히 행복을 즐기자.

저렴한 행복

집 근처에 맛도 좋고 가격까지 저렴한 분식점이 생겼다. 메뉴도 많아서 매일 고민한다. 오늘은 뭘 포장해 올까? 덕분에 매일 점심이 즐겁다. 저렴한 메뉴는 만만해서 자주 찾을 수 있다. 자주 즐길 수 있다. 하지만 한 끼에 30만 원에 육박하는 오마카세는 자주 갈 수 없다. 아무리 맛있다 해도 말이다. 내가 자주 즐길 수 없다면, 나와는 관련 없는, 어쩌면 존재가치가 낮은 대상이 된다. 행복도 마찬가지다. 아무리 구체적인 행복이라도 값이 비싸면 쉽게 경험할 수 없다. 나에게 생각만 해도 설레는 장소는 제주도인데, 그렇다고 지금 당장 제주도에 갈 수는 없는 노릇이다. 포르쉐, 에르메스 가방, 오성급 호텔, 유럽 여행. 상당히 구체적이나 비싼 이 행복은 일 년 동안, 혹은 일생 동안 몇 번이나 누릴 수 있을까?

행복의 두 번째 채점 기준은 비용이다. 싸고 좋은 건 없다는 말이 있다. 행복에 대해서만큼은 틀린 말이다. 비싸서 나쁘

건 없겠지만, 비쌀수록 행복한 건 아니다. 행복은 주관적이어서 조건과 관련 없이 행복하다고 느끼면 행복이 된다. 자원은 한정되어 있다. 거대한 행복을 한 번 누리기보다 소소한 행복을 자주 누리는 선택이 낫다.

값싸고도 나를 웃게 하는 행복이 어디 있을까? 도서관에 신청한 신간 도서를 받았다. 새 책을 가장 먼저 읽는 기분, 행복하다. 날씨 좋은 날 동네를 걸으니 기분이 상쾌하다. 좋아하는 커피에 오백 원을 추가하니 양이 더 많아졌다. 덕분에 더 오래 맛있을 수 있다. 친구와 오랜만에 전화 통화를 했다. 이런저런 이야기를 나누고 나니 가슴이 뻥 뚫린다. 슈퍼에 가다 지나가는 아기와 눈이 마주쳤다. 아기가 생긋하고 웃어주었다. 귀엽다. 기분이 좋다. 미세먼지 없는 하늘을 사진으로 남겼다. 그림 같은 작품이 탄생했다. 뿌듯하다. 주변을 둘러보면 나를 행복하게 만드는 저렴한 선물이 많다. 관심이 없었을 뿐 분명히 있다.

능동적 행복
―

초등학교 2학년 때쯤, 어쩌다 보니 늦게까지 학교에 남게 되었다. 집에 가려는데 복도가 엉망이었다. 축구부 친구들이 모래로 난장판을 쳐 놓고 간 것이다. 갑자기 나는 청소를 하고 싶다는 생각이 들었다. 대걸레를 꺼내 복도에 먼지를 깨끗이 훔치고 집에 돌아가니 기분이 좋았다. 종일 나 자신이 기특해 어쩔 줄 몰랐다. 행복한 시간이었다. 내가 만약 청소하면서 이런 생각을 했다면 어땠을까? 아, 내가 이렇게 청소하고 있는 거 선생님이 보면 좋겠는데, 누가 알아줬으면 좋겠는데. 그런 마음이었다면, 그런데 아무도 봐주지 않았다면 고생은 고생대로 하고 기분도 상했을 것이다.

행복의 마지막 기준은 능동성이다. 능동성이란 내가 주체가 된다는 뜻이다. 드라마 〈나의 해방일지〉에서 미정이 남긴 대사 중에 이런 것이 있었다. "하루에 5분, 딱 5분만 숨통 트여도 살 만하잖아. 편의점에 갔을 때 내가 문 열어주면 고맙습니다, 하는 학생의 인사에 7초 설레고. 아침에 일어났는데, 아! 오늘 토요일이지? 하고 10초 설레고. 그렇게 하루 5분만 채워요. 그게 내가 죽지 않고 사는 법." 구체적이고 저렴한 행복이다. 그래서인지 많은 시청자가 이 대사에 감명을 받았다. 그런데 능동적 행복이라는 요건으로 보자면 그 행복은 바람직하지 않다.

자, 생각해보자. 편의점에 갔을 때 내가 문을 열어주면 학생이 고맙습니다, 하고 7초 설렌다고 했다. 여기서 나를 설레게 만드는 건 나 자신이 아닌 학생의 행동이다. 또 아침에 일어났을 때 오늘 토요일이지, 기뻐하며 10초 설렌다고 한다. 그럼 만약 눈을 떴는데, 월요일이면? 미정의 행복은 찾아오는 행복이다. 내가 선택하는 행복이 아니라 이뤄지는 행복이다. 이렇게 해서 언제 5분을 채우냐는 말이다. 그리고 하루는 24시간이나 되는데, 고작 5분만 행복하고 만족할 거란 말인가! 미정의 행복을 이렇게 바꿔보자. 편의점에서 문을 열어주고 혼자서, 나 매너 끝내주네? 감탄하면서 7초 설레고, 아침에 일어났을 때 월요일이면, 오늘 드라마 밀린 거 봐야겠다. 기대되는걸? 하며 10초 설렌다.

우리는 행복이 찾아오길 기다린다. 인정받길, 사랑받길, 누가 나에게 잘해주길, 기적 같은 일이 찾아오길. 가만히 앉아서 행복을 기다리면 그런 순간은 적어진다. 내 삶의 주인은 나이기 때문에 행복도 내가 가져야 한다. 무엇이 나를 행복하게 만드는지 깨닫고, 다음에는 '내가' 그것을 시작해야 한다.

구체적이고 저렴하고 내가 할 수 있는 행복 열 가지를 써보세요. 행복 워크숍을 진행하는데 삶에 찌들어 보이는 한 청년이 의욕을 잃은 채 책상을 노려보고 있었다. 나는 가서 물었다. 왜 안 써요? 청년이 조금 무섭게 대답했다. 저는 행복한 게 없는데요. 나는 다시 말했다. 그럼 그냥 지금 당장 하고 싶은 걸 써봐요. 청년은 그제야 펜을 들었다. 청년의 행복 리스트는 이랬다.

담배 피우기

술 마시기

롤 하기

담배 피우며 술 마시기

담배 피우며 롤 하기

술 마시며 롤 하기

나는 청년을 칭찬했다. 정말 잘했다고 했다. 대신 앞으로는 담배를 피우든 술을 마시든 아주 행복하게 하라고 했다. 연기를 들이마실 때도 속이 뻥 뚫린다! 감탄하고, 술을 마실 때도 캬! 오늘 술맛 죽이네! 감탄하라 했다. 이 말에 사람들이 다 의아한 표정을 지었다. 놀리는 건가? 설마, 그럴 리가.

감각은 단련하면 예민해진다. 행복도 마찬가지다. 행복을 느끼는 데도 연습이 필요하다. 삶에 찌든 인생에는 행복을 느끼는 감각이 둔해져서 무엇이 나를 행복하게 만드는지 모른다. 그래서 일단은 행복하다는 느낌을 알아야 한다.

술을 마시면서 행복하다, 술맛 죽인다, 해보면 좋은 느낌이 깨어난다. 그럼 그때 다른 건강한 일에서 그 느낌을 찾아보면 된다. 나는 술 마실 때마다 기분이 좋던데, 홍차를 마셔 보니까 이것도 괜찮네? 나는 담배 피울 때마다 스트레스가 날아가던데, 창문 열고 뻥 뚫린 도로를 달리니까 이것도 괜찮네? 이렇게 다른 장면에서 비슷한 감각을 느껴보고 행복의 범위를 넓혀가야 한다. 그렇게 되려면 우선 행복하다는 느낌을 경험해 봐야 한다. 그리고 구체적이고 저렴하고 내가 선택할 수 있는 행복의 목록을 만들어 가면 된다.

나는 오늘 당신에게 행복을 선물하기로 약속했다. 어쩌면 이런 기대를 한 건 아닌지 생각해보자. 가만히 앉아 행복이 찾아오는 법을 알려주려나. 그러나 인생의 행복은 크리스마스 선물과 달라서 눈감고 일어나면 짜잔, 하고 머리맡에 놓이지 않는다. 가만히 앉아서 기다리면 아무 일도 일어나지 않는다. 행복은 결코 먼저 찾아오지 않지만, 찾아갈 때면 기꺼이 우리를 반긴다. 행복은 되는 게 아니라 하는 것이다.

나약함을 인정할 때 우리는 강해진다

정말이지 나는 눈 오는 날이 싫다. 열여섯 살 때까지 내가 살던 일산이라는 지역은 눈이 많이 오는 동네였는데, 눈이 한번 휩쓸고 가면 아파트 입구부터 학원까지 회색의 빙판길에 펼쳐졌다. 어린 친구들은 너나 할 것 없이 스케이트를 신고 나오고, 부모님들은 포대 자루를 들고 아이들을 끌고 다녔다. 육교에는 플라스틱으로 만든 알록달록 썰매가 폭포처럼 쏟아졌다. 모두의 축제, 그곳에 좌절한 것은 나뿐이었다. 나는 겨울만 되면 화염방사기를 길에 분사하는 악몽을 꿀 정도로 눈이 싫었다. 눈을 싫어하는 이유는 단순하다. 넘어지기 싫어서이다. 애초부터 균형감각이라곤 개미 똥만큼도 없이 태어난 나는 아직도 난간을 양손으로 부여잡고 계단을 내려간다. 오죽하면 결혼식 때는 원형 계단이 마련된 예식장을 예약했는데, 계단 말고 문으로 입장하겠다고 고집을 부리느라 직원들과 실랑이를 벌였다.

누군가가 물었다. 넘어지는 것을 이토록 병적으로 싫어하는 데 이유가 있느냐고. 크게 넘어져 본 적이 있느냐고. 그렇게 보일 수도 있겠다만 나는 한 번도 빙판길에서 넘어진 적이 없다. 넘어진 적도 없으면서 그토록 두려워한다는 것은, 바꿔 말하면 극도의 두려움 덕분에 미끄러진 적이 없다는 뜻이다. 나는 내가 쉽게 넘어질 만큼 하찮은 존재라는 것을 알기에 언제나 염려하고 경계한다. 그래서 넘어질 기회를 허락하지 않는다.

나는 사회심리학자다. 사회심리학은 인간을 둘러싼 환경의 영향력을 연구한다. 쉽게 말해, 어떤 사람이든 그런 환경에 노출되면 그렇게 될 수밖에 없음을 증명한다. 그러나 사람들은 이 메시지를 불편해한다. 사람은 누구나 스스로를 통제할 능력이 있다고 믿(고 싶어 하)기 때문이다. 과연 그럴까?

사회심리학의 저명한 두 가지 고전 실험을 소개하려 한다. 첫 번째 실험은 솔로몬 애쉬의 동조 실험이다. 실험실에는 일곱 명의 참가자가 앉아 있다. 그들은 화면을 통해 하나의 선분을 보았다. 그리고 그 옆에 길이가 다른 세 개의 선분이 제시되었다. 새로 제시된 세 개의 선분 중에서 처음 제시된 선분과 길이가 같은 선분을 고르시오. 참가자는 생각보다 만만한 문제를 풀게 되었다. 그런데 이상한 일이 벌어졌다. 다른 참가자들이 하나둘씩 오답을 말하는 것이었다. 그들은 계속해서 기준 선분보다 훨씬 짧은 선분을 골랐다.

사실 일곱 명의 참가자 중 여섯 명은 연기자였다. 그들은 의도적으로 오답을 난무했고, 그런 상황에서 마지막 남은 한 사람이 정답을 말할 수 있을지 보려고 했던 것이다. 분위기를 신경 쓰지 않는 사람이라면, 남들이 뭐라 하든 신념에 맞게 답을 말할 것이다. 그러나 실험 결과 참가자의 37%가 집단 의견, 그러니까 오답에 동조했다. 또한 전체 참가자 중 무려 75%가 한 번 이상 틀린 답에 동조했다.[45]

실험 결과, 그들이 자기 생각을 의심한 것은 아니었다. 정답을 알고 있으면서도 그들은 오답을 말했다. 하나의 답으로 흘러가는 분위기에서 집단 압력을 깨부수는 용기가 없었기 때문이다. 많은 사람들이 분위기를 거스르는 도전은 하지 않으려고 한다. 설사 그것이 틀린 방향을 향할지라도. 이렇게 마음과 다른 선택을 하는 경우는 종종, 혹은 자주 일어난다. 원치 않는 메뉴로 주문을 통일한다든가, 회의 시간에 새로운 아이디어를 내는 데 주저하는 것처럼. 물론 대부분의 동조 상황은 특별한 문제를 일으키지 않는다. 먹고 싶은 짬뽕 대신 짜장을 먹는다고 영양실조에 걸리는 것도 아니고, 번뜩이는 아이디어를 내지 않아도 회사는 그럭저럭 돌아간다. 그렇다면 다른 사람에게 유해한 결정이라면 좀 다를까?

두 번째 소개할 고전 실험은 스탠리 밀그램의 복종 실험이다. 이 연구는 '처벌에 의한 학습 효과'라는 거짓 주제로 소개되어 진행되었다. 참가자는 또 다른 실험 참가자(이지만 사실 연구의 공모자)에게 문제를 내는 선생의 역할을 맡았다. 선생은 학생 역할의 참가자(공모자)가 문제를 틀릴 때마다 전기충격으로 처벌을 내려야 했다. 전기충격은 가장 낮은 단계인 15V부터 시작되었고, 문제를 틀릴 때마다 강도를 한 단계씩 높이는 규칙을 따라야 했다. 기계의 마지막 단계 450V에는 누르면 큰일이라도 날 것처럼 XXX라는 표시가 되어 있었다.

실험 진행 전 밀그램은 마흔 명의 정신과 의사와 심리학자에게 물었다. 얼마나 많은 사람이 450V까지 처벌할 수 있을까요? 전문가들은 이렇게 답변했다. 고작 1% 미만. 그들은 개인의 힘을 믿었다. 옳지 않은 선택을 거부할 의지와 그것을 실행할 능력을. 그러나 결과는 충격적이었다. 학생 역할을 맡은 공모자는 안타깝게도(사실은 의도적으로) 문제를 틀렸다. 참가자는 그럴 때마다 처벌 강도를 높여야 했고, 학생은 고통을 호소하며 멈춰 달라 애원(하는 연기를)했다. 상대 참가자의 괴로움을 고스란히 접한 참가자는 실험을 중단하려 여러 번 시도했지만 그럴 때마다 실험 진행자는 기계처럼 단호하게 반복했다. 계속 진행하십시오. 실험은 계속되어야 합니다. 계속 진행해야 합니다. 당신에게는 선택지가 없습니다. 그 결과 65%의 참가자가 XXX라고 표시된 450V까지 단계를 올렸고, 300V 이전에 멈춘 사람은 12.5%밖에 되지 않았다.[46]

실험에 참여한 사람들은 사이코패스도 극악무도한 범죄자도 아니었다. 그들은 주변에서 흔히 볼 수 있는 평범한 이웃, 그러니까 당신과 나와 다르지 않은 '우리' 같은 사람이었다. 그들은 죄책감을 느꼈지만 거부하지 못했다. 이 실험은 심리학 역사상 가장 잔인하고 비윤리적인 실험으로 꼽혀 논란거리가 된 동시에 옳은 선택에 대한 인간의 결정력이 얼마나 나약하고, 환경의 영향력이 얼마나 강한지를 여실히 드러내는 증거가 되었다.

이 실험에 대한 소개를 들으면서도 자신은 선분 실험의 25%, 복종 실험의 12.5%에 해당할 거라 자신하는 사람이 있을까? 그렇다면 쉽게 타자의 선택과 결정을 비난하는 사람이 될 수 있음을 경계해야 한다. 나는 아니라는 확신은 어쩔 수 없는 환경의 영향을 받은 사람들을 편견의 창으로 바라보도록 부추긴다. 이를테면 술 냄새를 풍기고 등교한 학생을 보면 어떤 마음이 들까? 눈을 흘기지 않을 수 없다. 나는 그렇게 살지 않았으니까, 나라면 그러지 않을 테니까. 다큐멘터리 〈스쿨 오브 락〉은 위탁 교육기관인 아현산업정보고등학교 방승호 교장의 이야기를 담은 실화 기반 영화다. 그가 교장으로 부임한 첫날, 복도에 술 냄새를 풍기는 학생이 지나갔다. 방승호 교장은 학생의 머리를 쥐어박는 대신 교장실에 데려가 냉수 한 잔을 건넨다. 그리고 어떤 사연이 있는지 들어본다. 학생은 가난한 가정의 가장으로 새벽 고깃집 아르바이트로 생계를 유지해야 했다. 손님들은 짓궂게 학생에게 술을 권했고, 그는 생계를 위해 잔을 받아야 했다. 그렇게 취한 채 학교를 나온 학생이었다. 누가 학생을 비난할 수 있을까? 나라면 그러지 않을 거라 자신 있게 말할 수 있을까?

〈사상검증구역: 더 커뮤니티〉에서 '빈곤의 가장 큰 책임은 본인에게 있다'라는 주제를 두고 토론을 벌인 적이 있다. 주제에 찬성한 사람들은 사회적 제도가 잘 마련되어 있음에도 빈곤하다는 것은 노력이 부족하기 때문이라 주장했다. 그때 하마라는 닉네임으로 출연한 하미나 작가가 이렇게 말했다. "복지제도가 이렇게 잘 되어 있는데 왜 빈곤에서 벗어나지 못하냐고 물으신다면, 복지제도가 있다는 정보를 모르기 때문이고, 누군가 나를 도와줄 수 있다는 믿음이 없기 때문이고, 주민

센터가 문을 여는 시간에 도저히 시간을 낼 수 없기 때문이고, 복지제도를 쓰려면 내 명의의 통장이 있어야 하는데 압류된 상태이거나 신용불량자이거나 혹은 이 문제를 해결할 때 사용할 인터넷이, 컴퓨터가 없어서 등 다양한 이유가 떠오른다."라고. 그리고 그는 이런 말을 덧붙인다. "빈곤에 대한 논의는 너무 자주 빈곤하지 않은 사람에 의해 이루어집니다."

얼마나 많은 단정이 상황을 건너뛰고 일어날까? 나라면 그러지 않을 거라는 확신은 경험의 부재에서 비롯된다. 그렇게 살아보지 않은 사람은 그 안에 갇혔을 때 자신이 어떻게 행동하게 될지 예상하지 못한다. 그래서 감히 확언하는 실수를 범한다. 그리고 이 확언은 '그런' 사람과 자신을 구분 짓는 근거로 사용된다. 저 사람이 그렇게 행동하는 것은 저 사람의 문제이지, 나는 어떤 상황이 와도 저렇게 되지 않을 거야, 라고 믿음으로써 타자와 나를 다른 무리로 규정짓는다.

사회(범죄)심리학자는 범죄자의 살아온 환경을 살핀다. 그들의 삶을 검토해야 하는 이유는 그들에게 서사를 부여하려는 것이 아니다. 그럴 수밖에 없음을 이해하고 용서하자는 의도도 아니다. 올바르지 않은 행동은, 결과적으로 나타난 범죄는 이유 불문 악이며 그에 따른 책임을 물어야 한다. 그럼에도 불구하고 그들의 삶에 관심을 두는 이유는 또 다른 가해자가 탄생하지 않도록 막기 위함이다.

    이렇게 살아온 사람은 이런 사람이 될 수 있다, 라고 하는 인과관계를 인정할 필요가 있다. 여기서 이렇게 살아온 것은 개인이 선택할 수 없는 환경의 문제를 말한다. 우리는 시스템을 바꾸고 도울 수 있는 환경을 만들고 나은 세상을 만들어 악의 가능성을 줄일 수 있다. 악을 처단하는 것보다 중요한 것은 악을 만드는 환경에 대한 이해와 수용, 그리고 '방지'다. 범죄자의 문제를 그 사람 개인의 것으로 치부하고 처벌하는 데서 멈춘다면, 같은 삶의 형태를 답습하는 또 다른 범죄자가 세상에 태어날 것이다. 나 역시 그 사람이 될 수도, 그 사람의 피해자가 될 수도 있다. 아주 극단적인 예로 범죄를 말했지만 이런 일은 일상에서도 적용된다. 우리는 소소한 실수를 하고 잘못된 선택을 하고 시험에 든다. 만약 그렇지 않았다면 운이 좋게도 그럴 만한 환경에 '아직' 던져지지 않았을 뿐이다.

    빙판길에서 자주 넘어지는 사람은 겁 없이 나서는 사람이다. 안 넘어져, 하고 달리다가 꽈당 넘어진다. 사이비종교, 다단계 사기에 빠지는 사람도 마찬가지다. 나는 절대 안 속지! 하고 마음을 느슨히 했다가 혹하고 넘어간다. 나는 반드시 넘어질 것이다, 나는 분명히 속을 것이다, 스스로를 의심하는 사람은 경계하고, 경계함으로써 자신을 지키는 힘을 얻는다.

상황의 힘은 강하고 우리는 그 힘에 엎어질 수 있는 사람이라는 사실을 인정해야 한다. 신념을 저버리는 상황은 언제든 찾아올 수 있고, 틀린 길로 유도하는 환경은 언제든 마주할 수 있다. 때로는 자신을 의심하는 용기가 필요하다. 나약함을 인정할 때 우리는 오히려 강해진다.

나는 늘 넘어질 것을 의심한다. 그러므로 넘어지지 않는다. 환경에 지지 않는다.

12월의 기쁨과 슬픔

거리는 온통 빛나는 전구와 트리로 화려하게 장식되고, 크리스마스와 송년 행사로 행복에 젖은 소음이 시끌벅적하다. 연말연시는 기쁨과 따뜻함, 화합으로 빛나는 시기다. 혼자가 편하던 사람도 이때만큼은 나와 일 년의 마무리를 축하하고, 설레는 마음으로 새해를 기다린다. 그러나 모두가 12월을 축제처럼 보내는 건 아니다. 한 해를 마무리할 때 한시적 우울감이 찾아온다. 이룬 게 없다는 허무함과 나만 빼고 다 행복해 보이는 박탈감 때문이다. 이처럼 유독 12월만 되면 우울해지는 심리를 **홀리데이 블루스**holiday blues, 혹은 연말연시 증후군이라 부른다. 이때 우울감은 치료가 필요한 마음의 질병 혹은 우울증과 달리, 화려한 시기와 대비되어 일시적으로 찾아오는 감정이다.

사람들은 자신이 얼마나 괜찮은 사람인지 정의하는 데 타인을 기준으로 삼는다.[47] 행복한 타인의 삶을 들여다볼 기회가 많아질수록 비교가 쉬워지고 그럴수록 자신은 더 무가치한 존재로 전락한다. 연말에는 송년회다 파티다 사람 만날 기회는 잦아지는데 그때마다 그들은 항상 행복해 보인다. 때문에 이 시기가 되면 유난히 더 높은 기준과 내가 비교된다. 특히 소셜 미디어의 발달은 포장되고 과장된 인생을 더 많이 보여주면서, 평가 기준을 높인다. 멋진 호텔에서 파티하는 사람들, 일 년간의 성과를 자랑하는 사람들. 책을 몇 권을 출간했고, 사업에 성공했고, 결혼도 했고, 더 좋은 집으로 이사 갔고, 차도 바꿨고···. 한 해가 얼마나 감사했는지 고백하는 사람들을 보고 있으면 나만 크게 달라진 게 없어 보인다. 이 시기를 건강하게 보내는 법은 보이는 게 전부가 아니라는 사실을 인정하는 것이다.

돈이 궁해 아르바이트와 학업을 병행하던 시절이 있었다. 정말이지 너무 힘든 시기였다. 그런데 나에 대한 이상한 소문이 돌기 시작했다. 고은 언니는 돈도 많으면서 취미로 공부하는 거야. 물론 내가 꿈꾸던 모습이었으나 사실은 아니었다. 웃긴 건 소문을 낸 그 친구야말로 내 눈에는 돈 걱정 없이 학업에만 매진하는 것처럼 보인 것이다. 우리는 서로를 부러워하며 시샘하고 있었다. 저마다 어려움을 이겨내고 있었는데 말이다.

내 눈에 사람들이 화려해 보이는 것처럼, 그들 눈에 나 역시 그렇게 보인다. 내가 다른 사람들이 알아채지 못하는 내면의 문제로 어려워하는 것처럼 그들도 사실은 애쓰고 있을지 모른다. 내가 힘드니까 타인도 힘들길 내심 바라자는 건 아니다. 단지, 행복의 모습은 비슷하지만 불행한 가정은 저마다의 이유로 불행하다는 『안나 카레니나』의 유명한 첫 문장처럼, 사람들은 저마다 어려움을 가지고 있다는 사실을, 그것이 항상 드러나진 않는다는 사실을 기억하자는 것이다. 인생은 언제나 기쁨과 슬픔이 공존한다. 그들은 기쁘기만 하고 나는 슬프기만 한 것이 아니다.

연말 우울감이 찾아올 땐 어느 정도 외부와의 교류를 줄이는 것도 필요하다. 무자비하게 사람을 만날수록 비교할 거리는 많아진다. 특히 SNS 사용을 최대한 줄여 상대적 박탈감을 느낄 기회를 차단하고, 비교로 인해 우울해하지 않도록 나를 지키는 것도 하나의 방법이다. 나는 나만이 지킬 수 있다. SNS의 영향을 완전히 끊어버릴 순 없지만 왜곡되어 화려한 삶이 유난히 더 드러나는 지금과 같은 시기엔 잠시라도 타인이 아닌 나에게 집중을 하자. 나의 가치를 타인의 관점이 아닌 내면에서 찾도록 자신과의 대화 시간을 늘려야 한다. 내가 나에게 집중할수록 사회적 비교로 인한 박탈감은 줄어든다. 하지만 이때 다시 한 번 경계해야 하는 또 다른 비교의 함정이 있다. 그건 내가 기대하는 내 모습과 현실의 진짜 나를 비교하는 것이다.

달력이 마지막 장을 향할 때, 우린 한 해를 돌아본다. 그리고 가장 먼저 떠오르는 생각은 이렇다. 뭘 했다고 벌써 12월이지. 1월에 우리는 열정을 가지고 이런저런 계획을 세웠다. 더 성장할 12월의 우리를 기대하면서. 하지만 지금 어떤가. 우리의 모습은 그때와 크게 다르지 않다. 어떤 부분은 그때보다 나빠진 것도 같다.

히긴스의 **자기 불일치 이론**self-discrepancy theory에 따르면 사람들은 되고 싶은 모습인 **이상적 자기**ideal self와 도달해야 하는 모습인 **당위적 자기**ought self를 현재 내 모습과 비교한다. 그리고 괴리감이 클수록 부정 감정에 사로잡힌다. 1월에 기대했던 12월의 모습은 이상적이고 당위적이었다. 그러나 12월에 도달했을 때는 처음과 크게 달라진 게 없는 현실과 마주하게 된다. 간극이 줄지 않았단 사실을 깨달으면 죄책감이 들고 자존감이 떨어진다. 심할 경우 자기비하까지 하게 된다.[48] 그럴 때는 감정을 훌훌 털어버리고 기준을 낮춰야 한다.

K는 취미로 유튜브에 영상 몇 개를 올렸다가 재미를 봤다.

새로운 진로를 찾은 기분이었다. 그는 호기롭게 직장을 그만뒀다. 그가 상상한 12월의 자신은 실버 버튼을 들고 있는 모습이었다. 그때쯤이면 인플루언서가 되어 유명세와 큰돈을 거머쥘 거라고 예상했다. 하지만 현실은 녹록지 않았다. 조회수 100을 넘는 영상이 거의 없었고 구독자도 겨우 삼백 명 정도를 채웠을 뿐이다. 그는 자신의 선택을 후회하고 크게 좌절했다. 그러나 K는 곧바로 정신 차렸다. 일 년이 지나도록 이룬 게 없는 게 아니라 아직 일 년밖에 도전하지 않은 거라고. 생각해 보면 구독자는 꾸준히 늘고 있었고, 영상마다 적지만 좋은 댓글도 달리고 있었다. 필요한 건 한 방이 아닌 성실함이었다. 그는 실버 버튼을 든 인플루언서가 되는 것에서, 한 달에 열 개씩 꼭 영상을 올리는 것으로 목표를 바꿨다. 자신이 감당할 수 있는 현실적인 목표를 세우고 나니 의욕이 솟아났고, 느리지만 성장하는 자신이 보이기 시작했다. 이제 남은 건 시간 싸움뿐이었다.

자기 불일치 이론에서는 현재와 기대 사이에 괴리감을 줄이기를 강조한다. 나아질 수 있다면 목표에 가까워지는 게 좋다. 하지만 목표가 불필요한 욕심으로 지나치게 높을 때는 기대 수준을 낮춰야 한다. 현실감에 근거한 목표로 그때그때 성취감을 쌓다 보면 목표도 조금씩 높이게 되고, 당장엔 무리해

보이던 목표가 현실적으로 보이기 시작한다. 그동안 그만큼 실력도 자라기 때문이다.

목표의 수준 말고 개수는 어떻게 정하는 게 적절할까? 예를 들어 백 개의 목표를 세우는 것과 열 개의 목표를 세우는 것 중 무엇이 나을까? 열 개에서 열한 개 정도를 이룰 수 있는 실력의 경우, 백 개의 목표를 세웠을 때 열한 개를 이루겠지만 열 개의 목표를 세우면 열 개의 목표만 이루게 된다. 하지만 인간의 마음은 상대적이다. 백 개의 목표는 실패율이 89%나 되고, 열 개의 목표는 실패율이 0%이 된다. 어디에 더 만족감을 느낄 것 같은가?

심리학자 자이가르닉은 하루는 식당에서 웨이터를 구경하다 우연히 신기한 현상을 발견했다. 웨이터는 주문을 받고 서빙할 때까지 정확하게 주문받은 음식을 기억하다가도 계산이 완료되면 거짓말처럼 손님이 주문한 메뉴를 잊어버렸다. 어떻게 한순간에 기억을 휘발시킬 수 있는 걸까. 웨이터는 결제 후 기억을 잊은 게 아니라, 결제 전까지 기억을 붙들고 있던 것이다. 인간은 완성되지 않은 일을 더 오래 기억하는 경향이 있다. 이루지 못한 첫사랑을 쉽게 잊지 못하고, 결국에 풀지 못한 시험문제는 계속 떠오른다. 이렇게 마무리 짓지 못한 일을 오래 기억하고 마음 쓰는 현상을 **자이가르닉 효과**zeigarnik effect라 부

른다.[49]

　너무 많은 목표를 정했다면 어떤 결론이 날까? 미완성 과제가 많아진다. 많은 성취를 이루었음에도 실패한 목표만 떠오르게 되고, 결국에는 한 해를 실패한 것처럼 느끼게 된다. 그런 마음으로는 기쁜 연말을 맞이하기 어렵다. 이룰 수 없는 목표를 많이 짜면 과거가 족쇄가 될 뿐이다. 목표는 낮게, 이룰 수 있게 세워서 미완성 과제가 남지 않도록 해야 한다. 그리고 무엇보다 내가 성취한 일을 떠올리려 노력해야 한다. 365일 내내 실패한 순간만 있진 않았을 것이다. 마무리된 일은 쉽게 잊혀지므로 평소 기록하는 습관이 중요하다. 크고 작은 여러가지 목표를 해냈던 기억을 차곡차곡 쌓아놓으면 노력해온 자신을 칭찬할 수 있다.

　연말연시는 보기보다 우울하다. 겉으로는 축제여도 속으로는 전쟁같은 시기다. 누군가는 타인의 비교로, 누군가는 예상치 못한 성취 실패로 아쉬움을 안고 한 해를 마무리한다. 완벽하게 마무리하고 싶은 마음이야 누구에게나 있다. 하지만 완벽한 결말을 맞이하는 건 영화 속에서나 가능하다. 그리고 그런 영화는 솔직히 재미도 없다.

　한 해는 끝났지만, 인생은 여전히 계속된다. 그리고 무엇보다 지금 해내지 못한 건 내년에 다시 하면 그만! 새해는 기쁜 마음으로 우리를 기다리고 있다. 끝나는 건 올해지 인생이 아니다.

12월의 마음사전

홀리데이 블루스
holiday blues

유독 12월만 되면 우울해지는 연말연시 증후군.
이룬 게 없다는 허무함과 나만 빼고 다 행복해 보이는 박탈감이
불러오는 한시적 우울감이다.
우리는 그저 저마다의 어려움을 이겨내며 살고 있을 뿐이다.

12월의 할일

행복이란 무엇일까?
한 단어, 문장, 어떤 장면,
구체적인 행동과
감각들로 나의 행복을 정의해볼 것

12월 마지막 일주일은 SNS에 들어가지 않기
한 해의 마지막은 타인이 아닌
나에게 집중을 하기

1
| 월 |

인생을 낯설게 하는 달

우리는 우리 인생과 헤어질 수 없어요.

인생의 권태를 극복하는 법

다리 아픈 강아지를 입양하게 되었다. 어렵사리 수술시켜 걸을 수 있게 했더니 이 녀석이 자꾸 소파에서 뛰어내리려 했다. 다치면 재수술해야 하는데… 우리 가족은 고민 끝에 극단적인 결론을 내렸다. 소파를 그냥 버리자. 덕분에 강아지의 안전을 지킬 수 있었다.

강아지의 다리는 지켰지만 우리의 다리는 지키지 못했다. 등받이로만 사용하는 줄 알았던 소파의 부재는 생각보다 불편했다. 결국 안방에 있는 침대를 거실로 옮기고, 거실이 안방이 되어버리고, 예기치 못하게 불편한 일은 자꾸 생겼다. 이를테면 빨리 자고 싶은 나와 새벽까지 축구를 봐야 하는 남편의 대립처럼. 평생 이렇게 살 수는 없는 노릇이다. 그럼 소파를 다시 사면 되는데, 우리 부부는 이미 답을 정해놓고 있었다. 이사 가면! 지금 사는 곳의 계약 기간이 끝나면 우리는 새로운 공간으로 이사 갈 계획이다. 새집에 새 가구, 참으로 바람직하지만 그러기까지 1년이라는 짧지 않은 시간이 남아 있다. 그래도 이왕이면 새로운 시작을 지켜내고 싶다.

다이어트는 내일부터라는 명언처럼, 우리에겐 시작을 미루려는 경향이 있다. 미련하게 기한 없이 미루는 건 아니다. 내일이라는 시점처럼 나름의 명확한 기준을 정하고, 그 기준까지는 게으름을 부리자는 것이다. 이날부터 해야지, 하는 마음은 동기를 부여한다. 새로운 시작만큼 강렬한 동기는 없기 때문이다. 이처럼 시간적 랜드마크가 생길 때 새로운 도전을 하려는 마음가짐이 생기는 심리를 **새출발 효과**fresh start effect라고 부른다.[50] 우리는 랜드마크를 통해 끝과 시작을 정의하고, 새로운 도전의 마음을 다잡을 수 있다.

새출발 효과의 가장 대표적인 랜드마크는 새해다. 새해는 모든 사람에게 동등하게 주어지는 시작 중의 시작이다. 물론 12월 31일 11시 59분 59초에서 1월 1일 12시 00분 00초 사이에는 어떤 경계선도, 변화도 없다. 시간은 연속적으로 흘러간다. 하지만 1월과 1일이라는 의미에 꽂힌 우리는 그 순간을 특별한 지점으로 바라본다. 시간적 랜드마크를 설정함으로써 우리는 실패했던 과거를 끊고, 새로운 시작을 할 수 있게 되는 것이다. 시간을 그저 연속적으로 본다면, 작년의 실패는 올해도 계속해서 삶에 남는다. 하지만 랜드마크를 정함으로써 실패한 작년은 과거가 되고, 새로운 시작은 엉망이었던 시절을 리셋한다. 그리고 새로운 시작에 희망을 부여한다. 기대가 생기면 동기가 생기고, 동기가 생기면 행동하게 된다. 어제와 다를 바 없는 우리라도 다시 꿈꿀 기회를 얻게 된다.

물론 모두에게 이런 축복이 허락되는 건 아니다. 많은 사람이 새해, 새출발, 새 다짐을 하며 해돋이를 찾아가지만, 그만큼 많은 사람이 새해 첫날에 특별한 의미를 두지 않고 지나치기도 한다. 새로운 게 별건가 살다 보면 똑같은데, 이런 생각이 들기 시작하면 관조적인 시선이 생기기 때문이다. 이런 마음이 생기는 건 아무래도 매년 새해마다 특별한 변화를 경험하지 못했기 때문일 것이다. 해봤자 소용없다, 뭐 이런 마음이 생겼다고 할까.

학습된 무기력learned helplessness은 긍정 심리학 창시자인 마틴 셀리그먼이 제안한 개념이다. 그는 전기 쇼크를 줄 수 있는 케이지에 개들을 가두는 극악무도한 실험을 진행했다. 실험에서 어떤 개들은 마음만 먹으면 문을 열 수 있는 케이지에 갇혔고, 다른 개들은 어떻게 해도 고스란히 쇼크를 받게 되는 케이지에 갇혔다. 처음 쇼크가 왔을 때 모든 개는 상황에서 벗어나려고 애를 썼다. 그러나 두 번째 조건의 개들은 결코 벗어날 수 없었다. 연구진은 조금 후 마음만 먹으면 뛰어넘을 수 있는 울타리가 있는 케이지로 개들을 옮겼다. 이제 모든 개는 전기 쇼크가 오면 도망칠 수 있었다. 하지만 두 번째 집단 개들은 울타리를 뛰어넘으려는 시도조차 하지 않았다. 어차피 이 고통에서 벗어날 수 없어, 아무리 노력해도 안 돼, 하는 무기력감을 학습했기 때문이다.[51]

인생에도 무기력이 찾아온다. 늘 반복되고 그대로인 인생에 기대감은 떨어진다. 올해도 똑같겠지 뭐, 하고 말이다. 도망칠 수 있는 케이지로 개들이 옮겨지듯 새출발의 기회는 찾아오지만 우리는 울타리를 뛰어넘지 않는 개처럼 새출발의 기회를 떠나보낸다. 어차피 똑같을 거란 생각에 가로막혀서. 인생의 권태기가 찾아온 것이다.

미국 심리학자 엘리자베스 던은 오래 만난 연인인 벤저민이 어느 순간부터 자신에게 함부로 대한다고 느꼈다. 재밌는 사실은 그가 다른 사람을 만날 때는 친절한 모습을 보이는 것이었다. 던은 이런 마음이 궁금해 권태기에 관한 연구를 시작했다. 연구팀은 오래된 연인들을 섭외해서 서로를 대하는 태도를 관찰했다. 그들은 정말 서로에게 친절하지 않았다. 그러나 낯선 사람이 나타나면 상냥하고 쾌활하게 행동했다. 여기서 끝이 아니었다. 상냥하게 상대를 대하는 동안 그들의 기분도 점점 나아졌다. 이러니 새로운 사람에게 마음을 빼앗길 수밖에. 결론적으로 권태기를 맞이하면 태도가 퉁명해지고, 퉁명한 태도가 기분에도 영향을 미친다는 것을 알 수 있었다. 결국 함께 있는 시간이 즐겁지 않아 마음이 점점 식는다. 반대로 조금만 친절히 굴면 마음이 행복해져서 함께하는 시간이 따뜻해진다. 던은 이런 현상에 우스갯소리로 벤저민 효과라는 이름을 붙였다.[52]

권태를 없애는 방법은 간단하다. 그냥 새로운 사람을 만나면 된다. 새로운 사람을 보면 친절해지고, 기분도 나아지기 때문이다. 너무 극단적인가? 맞다. 오래된 드라마 〈내 이름은 김삼순〉에서는 주옥같은 대사가 나온다. "그래, 지금은 반짝반짝하겠지. 그렇지만 시간이 지나면 다 똑같아. 그 여자 지금 아무리 반짝반짝해 보여도 시간 지나면 아무것도 아닌 것처럼 된다고. 지금 우리처럼." 오랜 연인이었던 희진이 새로운 사랑에 빠진 진헌에게 건넨 말이다. 권태를 이기려면 새로운 사람을 만나면 되지만, 그 대상도 시간이 지나면 권태의 대상이 된다. 새 사람도 결국엔 헌 사람이 되기 마련이니까. 그래서 우리는 반짝거리는 사람을 찾는 대신, 서로에게 다시 반짝이는 사람이 되어야 한다.

밥 먹고, 카페 가고, 영화 보고. 뻔한 데이트 말고. 한 번도 해보지 않은 데이트를 해보는 건 어떨까? 등산을 가거나 미술관에 다녀오거나. 가본 적 없는 지역으로 여행을 떠나는 것처럼 말이다. 꼭 내 관심 분야가 아니고 흥미를 끌지 못해도, 낯섦 그 자체는 설렘을 가져다준다. 편한 사이라고 트레이닝복만 입지 말고, 평소 안 입어보던 스타일도 입을 수 있다. 파격적으로 염색을 하는 것도 괜찮다. 오랜 부부라면 목 늘어나고 무릎 튀어나온 잠옷 대신 예쁜 파자마를 입는 것도 색다른 매력을 선사한다. 서로가 서로에게 낯설어지면 특별한 관계가 시작된다.

새해를 맞이하는 마음도 마찬가지다. 우리는 수십 년 동안 실패, 혹은 별 볼 일 없는 하루를 살아왔다. 그러다 인생과 권태에 빠졌다. 작년을 돌아보니 새해 계획을 짜본 지가 언젠지 까마득하다. 혹시 계획을 짰더라도 항상 지루하고 뻔한 것들이라 그저 그런 날들만 계속되었다. 여태 그렇게 살았으니 앞으로도 다를 바 없겠다는 생각이 먼저 든다. 그럼 1월 1일이 되거나 말거나 기대조차 사라지는 것이다.

하지만 우리 삶에 어떤 희망이 언제 찾아올지 모른다. 냉소적으로 기대를 저버리면 소중한 기회를 놓치게 된다. 오래된 연인에게 불친절한 벤저민처럼 내 인생에게, 나 자신에게 불친절해진다. 부디 그러지 말자. 우리는 우리 인생과 헤어질 수 없다. 나와 인생은 끝까지 함께 할 운명이다.

인생을 빛나게 하려면 어떻게 해야 할까? 권태기의 연인과 같은 방법을 쓰면 된다. 인생을 낯설게 만들면 된다. 낯선 사람에게 다정해지듯, 낯선 인생에 다정해진다. 낯선 인생을 만들기 위해 먼저 해보지 않은 것을 시도해보자.

안 가본 식당 한 달 동안 도장 깨기, 익스트림 스포츠 체험, 미니 마라톤, 하루에 천 원 이상 쓰지 않는 천 원의 행복 데이 만들기, 차박하기, 한 달에 한 번 행운의 징크스 만들기, 뭐 이런 것들 말이다. 요리에 소질이 없으면서 베이킹 클래스에 등록하거나, 미적 감각도 없으면서 그림을 배워본다거나. 잘하고 못하고, 즐겁고 아니고는 아무런 상관도 없다. 지금 중요한 것은 인생을 낯설게 만드는 것이니까.

크리스마스랑 설날은 5일밖에 차이가 안 나는데, 이미지가 너무 달라. 새해를 맞이한 남편이 이런 말을 했다. 나는 고개를 주억거렸다. 그러네, 크리스마스는 어쩐지 불빛이 가득한 밤 같은데, 설날은 밝은 낮이 떠올라.

시간은 연속으로 흐른다. 하지만 우리는 그 둘을 나눌 수 있다. 어제와 오늘을, 작년과 올해를 나누고 다른 장면으로 그리기 시작하면 낯선 시작의 랜드마크가 선물이 된다. 우리는 삶과 새로운 사랑에 빠진다.

마음의 근력 운동

몇 해 전부터 목 뒤에 혹이 하나 자라기 시작했다. 거북목이 일자목으로 진화함을 넘어 더 앞으로 나아가다 보니 목을 지탱하는 부위에 지방과 근육, 독소가 뭉쳐 섬유화가 이루어진 것이다. 이 덩어리는 버펄로의 혹을 닮아서 버펄로 험프, 목 뒤에 버섯이 자란다 해서 버섯목 증후군이라고도 불린다. 미관상으로도 건강상으로도 좋지 않다. 어쩌다 나의 몸뚱이는 이 지경이 되었을까. 작업할 때마다 고개를 앞으로 발사하니 그렇지. 머리를 당기고 척추를 바로 세워야 한다는 걸 머리로는 안다. 하지만 잠깐은 괜찮지 않을까, 오늘만 이러는 건 문제가 안 되지 않을까, 이런 나태한 마음가짐이 지금의 나를 만들었다. 이제는 더 이상 물러날 곳이 없다. 신년 목표는 바른 자세로 정한다.

근 몇 년 동안 새해 목표를 세우지 않았다. 세워봐야 지키지 않기 때문이다. 나만의 문제는 아닐 것이다. 한 해가 시작되면 사람들은 목표를 세운다. 그 목표는 대체로 거창한데, 그래서 거창하게 실패한다. 몇 번의 실패를 거듭한 끝에 나는 목표를 세우지 않는 것을 목표를 했다. 목표도 없고 실패도 없는 날들을 살아간다. 하지만 올해는 좀 색다르게 목표를 세워볼까 한다. 자세 곧추세우기!

성공하는 목표의 조건은 무엇일까? 시간? 계획? 지능? 아니다. 목표를 이루려면 **의지력**willpower이 필요하다. 자기조절력, 통제력이라고도 불리는 의지력은 미래를 위해 현재의 달콤함을 포기하는 능력이다. 합격을 위해 지금 공부하고, 건강을 위해 당장 운동하고, 승리를 위해 새벽을 깨우는 건 모두 미래를 위해 현재를 희생하는 것이다. 의지력 없이는 어떤 일도 달성할 수 없다.

나는 의지력이 형편없는 사람이다. 대신 책임감을 방패 삼아 살아왔다. 혼자서는 글을 안 쓰니 출간 계약을 이중 삼중으로 잡고, 가만히 있으면 연구를 안 하니 무리할 만큼 강의를 잡는다. 그렇게 하지 않으면 프리랜서로 살다가 머니가 프리한 상태가 되어 굶어 죽을 게 뻔하다. 해야 할 일이 없으면 하지 않는 의지박약자, 그게 나다. 책임감으로라도 살아갈 수 있다면 좋으련만, 바른 자세를 잡는 데는 어떠한 책임도 따르지 않는다. 비뚤어진 자세로 앉는다고 의무를 다하지 않는 것도 아니고(오히려 자세가 비뚤수록 효율이 올라간다) 누군가에게 피해를 주는 것도 아니므로. 그러나 나는 올해부터 달라진 나를 보여줄 것이다. 의지력을 키울 것이다.

심리학자들은 의지력을 근육에 비유한다. 어떤 사람은 노력 없이도 근육질 몸매를 타고나고, 어떤 사람은 뼈와 지방으로만 이루어진 물렁살을 입고 태어난다. 의지력도 마찬가지다. 어떤 사람은 탄탄한 의지력을 갖고 태어나지만, 어떤 사람은 빈약한 의지조차 없이 태어난다. 그러나 근육도 계속 쓰면 자라는 것처럼, 의지력도 키울 수 있다. 그러기 위해서는 마음에도 근력 운동이 필요하다.[53]

의지력 향상 원리는 근력 운동의 원리와 같다. 자기에게 딱 맞는 무게를 찾는 것부터 시작된다. 초등학교 1학년 때 나는 살도 근육도 없는 멸치 인간이었다. 19kg 정도 되었던 것으로 기억난다. 그때 이모가 입학 선물로 네모난 책가방을 사주었는데 빈 가방을 메고 뒤로 나자빠졌다. 나에겐 그 정도 들 힘도 없었다. 이런 내가 1kg 덤벨을 들 수 있을까? 큰일 난다. 근력 운동을 할 땐 감당할 수 있는 무게를 드는 게 중요하다. 너무 가벼우면 운동이 안 되고 너무 무거우면 다칠 수 있다.

마음 근력을 키우려면 자기 의지력과 무게가 맞는 목표를 정해야 한다. 의지력의 점수가 0점부터 10점까지라 하면 내 의지력은 한 3점 정도로 본다. 3점이라면 4점 정도의 힘이 드는 목표를 정해야 한다. 약간 힘들긴 한데, 할 만한 목표. 하지만 나는 뭔가에 꽂히면 꼭 9점 정도의 열정으로 임했다. 평소 5천 보도 안 걷는 사람이 갑자기 하루에 한 시간을 뛰고 다이어트 영상 세 개를 연달아 따라하고 15층 계단을 두 번 오르는 식이었다. 그리고 다음날 골골 앓고 의욕을 잃어 나무늘보처럼 늘어져 버렸다. 시작은 화려하나 끝을 본 적이 없다.

매일 아침 11시까지 늦잠 자는 사람이 갑자기 미러클 모닝을 한답시고 4시 30분에 일어나는 목표를 정했다. 과연 미러클한 인생이 펼쳐질까? 11시까지 자던 사람의 목표는 10시에 일어나기 정도가 적절하다. 한 시간 정도 부지런함은 힘들지만 이 정도면 할 만한 적당한 무게다. 작은 무게가 습관이 되어 힘들지 않게 느껴지면 의지력 1점을 획득하게 된다.

근력 운동의 두 번째 포인트는 단계 올리기다. 10kg 무게를 들던 사람이 언제까지 10kg만 들 순 없다. 제법 할 만해질 때 무게를 더 올린다. 마음 근력도 마찬가지다. 목표가 할 만해지면 수준을 높인다. 10시에 일어나던 사람은 9시나 8시에 일어나기에 도전한다. 할 만하면 7시에, 그 다음엔 6시에. 그렇게 의지력은 3점에서 4점이 되고, 4점에서 5점이 되고, 그러다 10점이 된다. 3점이 한 번에 10점으로 뛰는 일은 일어나지 않는다. 의지력 키우기는 시간 싸움이다. 왜 이렇게 변화가 무딜까 걱정하지 말고 오늘에 최선을 다하며 기다려야 한다.

목 뒤에 생긴 심각한 사건을 해결하려면 하루 24시간 바른 자세를 해도 모자라다. 하지만 그런 목표는 내 의지력을 비추어볼 때 불가능에 가깝다. 나는 근력을 쌓듯 의지력을 쌓기 위해 바른 자세 계획을 짠다. 첫 번째 단계는 적정한 나의 무게 확인하기다. 운동을 하기 전 체력 테스트를 하듯 의지력을 테스트해본다. 벽에 머리, 어깨, 날개뼈, 엉덩이, 발뒤꿈치를 맞대고 타이머를 켠다. 얼마나 견딜 수 있을까. 정확히 3분이었다. 내 의지력의 한계는 3분이다. 그래서 내 목표는 4분이 되었다. 4분은 5분이 되고, 5분은 10분이 되고, 10분은 한 시간이 될 것이다. 눈 깜짝할 새에 성장하진 않겠지만, 꾸준함은 모든 걸 이길 것이다.

이렇게 공개적으로 선포하니, 강연이나 북토크 때 나를 만나면 목 뒤를 유심히 살펴봐 주길 바란다. 변화가 없어 보이면 잔소리를 해주어도 좋다. 이처럼 목표를 선포하는 것도 의지력 향상에 도움이 된다. 한 말을 지키고 싶은 마음도 생기고,

주변 사람에게 협조를 받을 수도 있기 때문이다. 오늘부터 금연이다, 오늘부터 공부한다, 오늘부터 살을 뺀다, 오늘부터 운동한다. 습관처럼 떠드는 건 효과가 적겠으나 안 하는 것보단 낫다. 혼자만의 약속은 어겨도 비밀로 남지만, 공표된 약속을 어기면 부끄럽다. 내면과 체면이 모두 힘을 합칠 때, 실행 가능성도 커진다.

정리하자면 목표를 세울 때 중요한 것은 시작, 그리고 단계다. 적당히 어려운 도전 수준을 결정하고, 만만해질 때마다 얼마씩 높일지 차곡차곡 정한다. 그러나 말처럼 쉬운 과정은 아니다. 우리는 종종 어쩌면 자주 실패를 경험할 예정이다. 그래서 또 하나 잊지 말아야 할 점이 바로 실패 예상하기다.

의지력은 특별하지 않은 이유로 무너진다. 체력이 떨어지거나, 건강에 문제가 생겼거나, 평소보다 심각하게 무리했을 때, 신경 쓰이는 문제가 생겼을 때처럼 갑자기 에너지를 쓰게 될 때 그렇다. 인간의 에너지 자원은 한정되어 있어서 일단 고갈되면, 다른 순간 무너진다. 전혀 관련 없는 상황이라도 그렇다. 회사에서 큰일을 겪으면 매일 하던 새벽 달리기가 어렵게 느껴진다. 바쁘다고 식사를 거르면 매일 평정심을 유지하던 사람도 사소한 일에 짜증낸다. 습관처럼 해내던 일도 그때만큼은 어렵게 느껴진다.

살을 빼겠다고 며칠 동안 탄수화물을 참았다. 그러나 오늘은 평소보다 고된 날이었다. 의지력도 자연히 약해졌다. 냉장고에 있는 조각 케이크를 먹고 싶은 충동이 올라왔다. 참는다고 샐러드도 먹어보고 두부도 먹어보고 닭가슴살도 먹어봤다. 그리고 깨달았다. 나 오늘 입 터졌구나. 결국 케이크까지 입을 대고 입이 달다고 라면까지 끓였다. 처음부터 케이크만 먹었으면 나았으련만. 이런 일을 한 번 겪으면 내 주제에 다이어트는 뭔 다이어트냐 싶다.

잘 풀리던 일이 어그러지면 빈정이 상하고, 잘하다가 갑자기 문제가 생기면 다 때려치우고 싶어진다. 그래서 아오! 안 해. 하고 포기해버린다. 이처럼 한순간의 실수로 결심이 무너지는 현상을 **에라이 효과**what-the-hell effect 또는 **절제 파기 효과**abstinence violation effect라 부른다. 잘해왔던 사람은 앞으로도 잘할 거라고 자신을 믿는다. 그러다 예상이 빗나가면 타격을 입는다. 원상 복귀가 어려워진다. 하지만 처음부터 고꾸라지겠다고 예상하면 조금은 괜찮다. 올 것이 왔다, 하고 만다. 실패를 예상하는 마음은 실패에 덤덤하게 만든다. 실패에 덤덤하면 재도전이 쉽다. 완벽하게 성공에 가닿는 사람은 없다. 실패가 반복되어 쌓이는 결과가 성공이다.

새해가 시작된 지 일주일 하고도 이틀이 지났다. 우린 어떤 목표를 세웠었나? 혹시 너무 무리한 목표라 벌써 포기하진 않았는지, 일상으로 돌아가 까먹고 만 건 아닌지. 혹은 목표 자체를 세우지 않은 건 아닌지. 올해는 새롭게 도전해보자. 목표를 우습고 만만한 것으로 낮추자. 애걔? 소리가 나올 정도로. 그 작은 목표가 인생을 바꾼다.

덤벨 운동을 한다고, 덤벨용 근육만 생기진 않는다. 한 번 생긴 근육은 가방을 들 때도, 손잡이를 잡을 때도, 사랑하는 사람을 안을 때도 사용된다. 오늘 우리가 키우는 의지력도 마찬가지다. 보잘것없는 목표를 이루는 힘이 삶의 모든 순간 반짝반짝 빛나게 한다. '애걔'하는 순간이 모여 인생을 바꾼다.

블루먼데이, 일 년 중 가장 우울한 날

 미안한 기억이 떠오른다. 어느 월요일이었다. 친구와 점심 약속을 잡았는데, 어쩐지 아무 말도 하고 싶지 않았다. 그 친구가 잘못한 것도 아니었고 자리가 불편했던 것도 아니었다. 만나고 싶은 친구를 만났을 뿐인데 머리는 멍했고 온몸에 힘이 없었다. 그래서 친구가 어떤 말을 해도 응, 응, 대답만 하고 테이블에 엎드리기까지 했다. 이유는 알 수 없었다. 그저, 그날은 월요일이었을 뿐이다.

 블루먼데이blue monday라는 말이 있다. 우울함을 상징하는 블루와 월요일이 만나 만들어진 말이다. 블루먼데이는 일 년 중 가장 우울한 월요일을 뜻하는 말로, 1월 셋째 주 월요일을 말한다. 미국의 심리학자 클리프 아르날이 처음 언급한 이 용어는 아래와 같은 공식으로 설명된다.

$$\frac{[W+(D-d)]\times T}{M\times N_a}$$

W는 날씨, D는 빚, d는 월급, T는 크리스마스를 지난 시간, Q는 새해 결심한 목표를 실패한 시간, M은 낮아진 동기, N은 행동해야 한다는 부담감이다. 날씨는 춥고, 빚은 많은데 월급은 늘지 않고, 행복했던 크리스마스는 이미 과거가 된 지 오래 지난 데다가 1월 1일에 세운 계획은 지키지 못했고, 의욕은 다 사라졌는데 해야 한다는 부담감은 여전히 남아 있으니 이 모든 게 섞여 우울함이 된다. 물론 이 공식도, 블루먼데이 그 자체도 과학적인 검증이 불가한 개념이다. 왜 모든 월요일 중 1월 셋째 주 월요일이 가장 우울한지도 알 수 없는 노릇이다. 그러나 월요일의 우울은 분명 존재한다.

아주 오래전에 개그콘서트가 끝나는 음악을 들으면 모든 국민이 우울해졌다. 월요일을 알리는 소리와도 같았기 때문이다. 우리는 주말, 혹은 연휴 내내 즐기다가 여유가 끝날 거라는 생각에 불안에 떤다. 그리고 월요일을 마주하는 순간, 그 스트레스를 감당해내지 못한다. 사람들의 사망률을 살펴보면 월요일과 토요일의 사망률이 가장 높은데, 토요일은 우발사고 사망률이 높은 반면, 월요일은 자살 사망률이 높다. 견딜 수 없는

우울이 고조된 날 극단적 선택을 범하는 것이다.[54]

　월요병, 그러니까 월요일의 우울증은 어떻게 극복하면 좋을까? 한 기사에서 이런 방안을 제시한 적이 있다. '월요병을 고치려면, 일요일에 출근하세요.' 웃을 일은 아닌 게 대학원 시절, 하도 바빠서 주말에도 연구실을 나갔던 때가 있었다. 그때 정말 월요병이 사라졌다. 아니, 정확히 말하면 월화수목금토일병이 생겨서 아픈 게 디폴트 값이었던 거지만. 결국에 월요우울증을 해결할 수 있는 직접적인 방법은 찾기 어렵지만, 본질적인 문제를 해결한다면 헤쳐나갈 수 있다. 월요일이 찾아와도 흔들리지 않는 멘털을 갖는 것이다. 블루먼데이를 극복하려면 내면에 단단함을 강화하는 수밖에 없겠다. 다가올 고난을 긴장 없이 받아들이고, 역경을 경험하고도 우뚝 서서 버티는 힘! 바로 회복탄력성이다.

　회복탄력성resilience은 단어의 의미 그대로 회복할 수 있는 탄력성을 가진다는 것이다. 그렇다면 탄력, 탄력이란 무엇인가. 예전에 이천 원을 주고 머리 고무줄 백 개를 산 적이 있다. 싸고 좋은 건 없다더니, 고무줄이 저렴한 건 이유가 있었다. 아침에 머리를 묶고 나가면 집에 돌아올 때쯤 팅 하고 끊어지는 것이었다. 탄력 없는 녀석. 탄력이란 원상태로 복귀하는 힘이다. 탄력성이 좋은 고무줄은 아무리 사용해도 쨍쨍하게 원래 모습을 유지한다. 하지만 탄력이 없는 고무줄은 한 번 잡아당기면 너덜너덜해지거나 툭 하고 끊어져 버린다.

우리 마음에도 고무줄이 있다. 이게 바로 회복탄력성이다. 힘들고 어려운 상황을 마주할 때, 마음의 고무줄은 쭉 잡아 당겨진다. 이때 탄력이 좋은 사람은 마음이 빠르게 원상태로 돌아오고, 그렇지 않은 사람은 너덜너덜해진다. 혹은 툭 끊어져 버리기도 한다. 회복탄력성이 낮은 사람은, 지난주에, 지지난주에, 그 지난주에 쌓인 스트레스에서 마음이 원복되지 않는다. 쌓인 스트레스는 성탑을 쌓아 마음을 짓누른다. 아무리 주말에 쉬어도 소용없다. 월요일은 그동안의 어려움을 떠올리게 하는 트리거가 되어 고무줄을 더 잡아당기고 끊어져라, 끊어져라, 저주를 내린다. 월요일을 겁 없이 맞이하려면 충전된 상태가 되어야 하는데 말이다.

회복탄력성을 기르는 방법은 간단하다. 세상을 바라보는 시선을 바꾸면 된다. 고난은 현실이 아니라 해석에 달려있기 때문이다. 노벨경제학상을 수상한 대니얼 카너먼은 사건을 바라보는 사람들의 마음을 알아보기 위해 조금 잔인한 방식의 연구를 진행했다. 바로 대장 내시경이었다. 연구진은 환자를 두 그룹으로 나누었고 한 그룹의 환자들은 검사가 끝나자마자 내시경을 제거해주었지만, 다른 그룹의 환자들은 더 방치한 후

제거해주었다. 첫 번째 집단 환자들의 고통은 10분 이내로 끝났지만, 두 번째 집단 환자들의 고통은 20분 넘게 지속되었다.

결과는 흥미로웠다. 내시경을 오래 할수록 괴로울 거라는 예상과 달리 20분 넘게 내시경을 제거하지 않은 사람들이 고통을 더 적게 보고했다. 심지어 내시경을 다시 받을 의향 역시 이 사람들이 더 강했다. 첫 번째 집단의 경우 가장 고통스러운 순간에 내시경이 제거되었지만, 두 번째 집단은 고통이 점차 줄어드는 경험을 했기 때문이다. 고통스럽게 끝난 일은 고통으로 남지만, 고통이 점차 나아진 경험은 제법 버틸 만한 일로 기억된다.[55]

경험은 그대로 기억되지 않는다. 마지막에 느낀 감정이 덜 고통스러우면 그렇게 기억되는 것처럼, 주관적으로 해석된다. 그런데 회복탄력성이 낮은 사람들은 이 해석을 부정적으로 하는 경향이 있다. 어떤 일이든 부정적 해석을 포함해 마음에 담기 때문에 회복이 어려워진다. 반대로 회복탄력성이 높은 사람은 사건에 긍정적인 의미를 부여하고, 그 일을 통해 깨달을 점을 발견하고 빠르게 문제를 털어낸다.

하루는 늦은 시간에 일을 마치고 집으로 돌아가다가 길을 잘못 들었다. 유턴할 수 없는 도로는 계속되어서 내비게이션 시간이 점점 늘어났다. 그때 문득 하늘을 봤는데 밝고 둥근 보름달이 눈에 보였다. 나도 모르게 이런 생각을 했다. 길을 잘못 들어서 이렇게 예쁜 달을 오래 볼 수 있게 되었네. 나는 이 일화를 교육생과 나누며, 여러분들도 긍정적으로 생각할 수 있다고 격려했다. 그런데 그날 또 집에 오다가 길을 잘못 들었다. 이번엔 고속도로 진입로부터 잘못 들어서면서 일이 커졌다. 심지어 퇴근 시간이었고, 대전으로 가야 하는 내 차는 서울을 향하고 있었다. 긍정 회로를 돌리려고 해보았지만 아무 생각도 나지 않았다. 보름달은커녕 미세먼지만 가득했다. 그런데 이번엔 이런 생각이 들었다. 그래도 강의 끝나고 잘못 들어서 다행이네. 강의 가는 길에 잘못 들었으면 생각만 해도 아찔해! 어떤 일에서든 긍정적 이야기를 찾을 수 있으면, 어떤 일이 일어나도 빠르게 회복할 수 있다.

긍정적인 생각은 연습이 필요한 습관이다. 몸이 기억할 정도로 춤 연습을 하면, 몸이 노래에 자동으로 반응한다. 아무리 힘들어도 말이다. 긍정적인 생각도 마찬가지다. 의식적 노력 없이 튀어나오게 만들어야 한다. 평소에 습관처럼 긍정적 사고가 튀어나오는 사람은 힘든 상황에도 자동으로 반응이 나온다.

나는 강의에서도 긍정 이야기 훈련을 종종 한다. 방식은 간단하다. 일상을 담은 사진을 보고 떠오르는 대로 의미를 찾아 표현하는 것이다. 부부가 걷는 뒷모습, 아이들이 뛰노는 모습,

보도블록 사이에 핀 꽃, 회의실에서 이야기를 나누는 사람들, 오래된 묘비 등 다양한 사진을 보여주면 사람들은 억지로 긍정적인 이야기를 붙인다. 처음에는 잘 떠오르지 않고, 억지 이야기도 많다. 그러나 여러 번 반복하면 점점 자연스러워진다.

이 훈련을 하기 전 한 장의 사진을 보여주는데, 순두부찌개를 거실 마루에 쏟은 절망스러운 장면이다. 사람들은 자기 일인 양 머리를 쥐어뜯는다. 긍정적인 이야기를 붙여보라 해도 쉽게 해내지 못한다. 가장 긍정적인 이야기가, 우리 집은 아니어서 다행이다, 정도. 그러나 그림 카드 훈련을 하고 사람들에게 다시 순두부찌개 사진을 보여주면 사람들 입에서 이런 말이 나온다. 그래도 화상 입지 않아 다행이네요. 아주 짧은 시간에도 긍정 회로는 제 몫을 다한다.

나는 불행한 일을 더 부정적으로 해석하는 사람이었다. 이 습관을 고친 건 책을 쓰면서부터였다. 교양서에 감정을 그대로 쏟아낼 순 없는 노릇이므로 집필하는 내내 경험과 환경이 주는 의미를, 특히 고난으로 배운 점을 발견하는 데 애를 썼다. 그 시간이 긍정 회로를 만드는 훈련이 되었다.

요즘에는 SNS에 가감 없이 자신의 이야기를 공개하는 사람이 많다. 사업 실패담, 장애가 생긴 이유, 희소병에 걸린 아이를 양육하는 이야기, 억울한 사건. 과거에는 숨기기 바빴던 무거운 주제를 아무렇지 않게(는 아니겠지만) 올린다. 때로는 카펫에 라면을 쏟은 사진, 비싼 지갑을 강아지가 물어뜯은 사진처럼 작다면 작은 인생의 스트레스를 올린다. 생각만 해도 분노가 치밀어오는 순간에 'SNS에 올려야지' 하는 생각이 극복을 돕는 것일지도 모른다.

어려움을 공개하는 용기에 어떤 사람은 관심받으려고 별짓을 다 한다고 흉본다. 그러나 나는 이 모든 과정도 회복탄력성을 강화하는 과정, 힘든 일에 긍정 회로를 돌리는 수단이 된다고 믿는다. 일마다 재미있는 이야기를 붙이면 그 일은 지나가는 에피소드가 된다. 역경을 맨몸으로 고스란히 받아들이는 게 능사는 아니다. 견딜 방법이 있다면 저마다 그 방법을 최선을 다해 동원해 자신을 지켜야 한다.

블루는 우울함이지만, 미세먼지 없는 하늘도 되고, 오염 없는 바다색도 될 수 있다. 블루는 신비로운 요정의 눈동자 색일 수도 있고, 파랑새의 기적을 의미할 수도 있다. 블루먼데이의 블루도 마찬가지다. 당신의 파란 월요일에 어떤 이야기를 붙일 것인가. 해피엔딩 블루가 될지, 새드엔딩 블루가 될지는 작가인 당신에게 달려있다. 이제 당신만의 집필을 시작하라.

1월의 마음사전

블루먼데이
blue monday

일 년 중 가장 우울한 날인 1월 셋째주 월요일을 뜻한다.
추운 날씨, 연말 후유증, 새해에 대한 부담감이 뒤섞인 탓이다.
왜 하필 이날인지 과학적인 검증이 된 것은 아니며 정확한 이유도
물론 알 수 없다. 하지만 월요일의 우울은 분명 존재한다.

1월의 할일

살면서 해보지 않은
별것 아닌 일을 시도하기
예를 들어 처음 먹어보는 음식 먹기,
책상에 작은 식물 두기

바로 시작할 수 있는
구체적인 새해 계획을 한 가지 세우기

2
| 월 |

내 안의 겨울을
떨쳐내는 달

내일은 거대한 랜덤박스 같은 것.
인생이 당신에게 꼭 맞는 선물을 준비했을지도.

기도로 이루는 소원

일 년 중 가장 크고 둥근 달이 떠오르는 날. 우리는 달을 향해 소원을 빈다. 부자 되게 해주세요. 결혼하게 해주세요. 취업시켜 주세요. 지구를 도는 돌덩이가 무슨 능력이 있다고, 알면서도 우리는 빈다. 달에 빌고, 하늘에 빌고, 나무에 빌고, 닥치는 대로 빈다. 지난 삶을 돌이켜보면 어떤 소원은 이뤄졌고, 어떤 바람은 어그러졌다. 어떤 기대는 빌었는지 아닌지 가물가물하다. 그럼에도 불구하고 사람들은 끊임없이 빌어본다. **통제력 착각**illusion of control 때문이다.

통제력 착각은 통제할 수 없는 상황을 통제할 수 있다고 착각하는 믿음이다. 사람들은 아주 작은 영역에서 통제감을 느끼면 더 큰 영역까지 자신의 영향력이 미친다고 믿는다. 가위바위보 전에 손을 비틀어 구멍의 모양을 보면 자신이 이길 수 있다고 믿고, 윷을 세게 던지면 윷이나 모가 더 잘 나온다고 믿는 것처럼 말이다. 재수 없는 말을 내뱉으면 사실이 될까 봐 곧바로 퉤퉤퉤 하며 취소하는 것도, 소원을 비는 행위도 마찬가지다. 복권은 어떤가? 강사들은 강의 현장 분위기를 띄우기 위해 상품을 종종 챙겨가는데 가장 반응이 뜨거운 건 역시나 복권이다. 그러나 나는 절대 복권을 가져가지 않는다. 어쩐지 그 복권이 1등이 될 것 같아서 그렇다. 내 복을 빼앗긴다 생각하니 생각만 해도 배가 아프다. 결국 천 원이면 될 복권 대신 열여덟 배나 비싼 책을 선물로 가져간다.

통제력 착각이라는 개념을 처음 제안한 엘렌 랭거의 실험을 보면 나뿐만 아니라 많은 사람들이 자기가 고른 복권은 당첨될 거라고 믿는 듯하다. 실험에 참여한 사람들은 1달러짜리 복권을 살 수 있었는데 한 집단 사람들에게는 자동으로 번호를 부여하고, 다른 사람들은 직접 번호를 고르게 했다. 그리고 복권을 다시 연구진에게 되팔 수 있는지 물었다. 되판다면 얼마를 받고 싶은지도. 결과는 흥미로웠다. 자동 복권을 뽑은 사람 중 39%가 복권을 판매하겠단 의사를 밝혔지만, 번호를 직접 선택한 사람들은 19%만이 복권을 팔고 싶다고 응답했다. 또한 자동 복권을 뽑은 사람은 2달러 정도면 충분하다고 답변했지만, 번호를 직접 선택한 사람들은 평균 8.9달러를 받고 싶

다고 말했다. 자기가 골랐기 때문에 당첨 가능성이 크다고 믿고 있던 것이다.[56]

그럼 통제감에 대한 환상은 우리 삶에 어떤 영향을 미칠 수 있을까? 신화를 생각하며 믿음이 현실이 되는지 알아보자. 완벽한 조각상을 완성한 피그말리온은 자신의 작품과 그만 사랑에 빠지고 말았다. 그리고 애타는 마음에 매일 밤 아프로디테에게 기도했다. 조각을 사람으로 만들어주세요. 그의 진심에 감동한 아프로디테는 에로스를 보내 조각상을 사람으로 만들어주었다. 기도하면 이루어질 거란 믿음이 피그말리온을 기도하게 했고, 결국 기도로 사랑을 얻게 되었다.

이처럼 간절히 바라면 현실이 되는 현상을 **피그말리온 효과**Pygmalion effect라 부르고, 스스로 믿는 대로 이루어진다는 데서 **자기충족적 예언**self-fulfilling prophecy이라고도 부른다. 칭찬이 아이에게 좋은 습관을 들이게 한다고 믿는 부모는 칭찬을 계속 던지고, 아이들은 칭찬에 힘입어 착한 행동을 반복한다. 그러다보면 자연히 부모의 믿음대로 좋은 습관을 가지게 된다. 행운의 부적을 지니면 시합에 합격한다고 믿는 선수는 부적을 챙기고, 덕분에 편해진 마음으로 실력을 발휘해 예상대로 좋은 성적을 낸다. 이처럼 바람이 현실로 이루어지는 건 통제력 착각이 기반이 되어 시작될 때가 많다. 기대는 사람을 행동하게 만들기 때문이다. 행동은 어떠한 결과든 가지고 온다. 그 결과가 우리 인생에 기적이 될 수도 있다. 그럼 내가 바라는 현실이 바람직한 일과 거리가 멀다면 어떻게 되는 걸까?

고레에다 히로카즈 감독의 영화 〈진짜로 일어날지도 몰라 기적〉은 매일 밤 화산 폭발을 기도하는 소년 고이치의 이야기로 시작된다. 어린아이가 왜 끔찍한 재난을 바랄까? 그건 가족에 대한 사랑 때문이었다.

부모의 이혼으로 엄마와 함께 가고시마현으로 떠나 살게 된 고이치는, 매일 화산재를 닦으며 하루를 시작한다. 가고시마현은 활화산이 있는 동네이기 때문이다. 고이치는 생각한다. 만약 활화산이 폭발하면 엄마와 함께 피난을 가게 될 테고, 그럼 아무래도 아빠에게로 돌아가게 되지 않을까? 때마침 고이치네 학교에서는 기적에 대한 소문이 돈다. 달려오는 두 대의 열차가 교차하는 순간 소원을 빌면 기적이 일어난다는! 고이치와 친구들은 저마다의 소원을 품고 기적을 찾는 여정을 떠난다. 죽은 강아지를 살리고 싶다, 노력하지 않고 그림을 잘 그리고 싶다, 음악가 아빠가 성공하면 좋겠다, 그리고 화산이 폭발했으면 좋겠다는 소원까지. 마침내 열차가 엇갈리고 아이들의 간절함을 담은 목소리가 기찻길 위로 흩어진다.

기적은 이루어졌을까? 음악가 아빠는 TV에 출연해 유명해질 기회를 얻는다. 노력 없이 그림을 잘 그리고 싶던 아이는 돌아가는 내내 그림을 연습하며 실력을 키운다. 죽은 강아지는 아쉽게도 부활하지 못한다. 어떤 소원은 저절로 이루어졌고, 어떤 소원에는 노력이 필요했으며, 어떤 소원은 애초에 이루어질 수 없는 바람이었다.

그럼 고이치의 소원은 어떻게 되었을까? 고이치는 열차역에 도착하기 전 화산으로 생을 마감한 사람들의 아픈 사연을 듣게 된다. 자신의 소망이 누군가에게 고통이 될 수 있다는 것을 깨달은 고이치는 열차를 보고도 입을 다문다. 그가 선택한 것은 이기심이 아닌 세상의 평화였다. 이것이야말로 고이치에게 일어난 기적이었다. 진짜 중요한 것을 볼 수 있는 마음말이다.

바랄 수 있는 것을 희망하는 긍정과, 바랄 수 없는 것을 내려놓는 용기, 그리고 애쓰는 마음. 이 모든 걸 알게 되는 게 진짜 기적이다. 그런 의미에서 기적은 모두에게 일어난다. 기적은 차별하지 않는다. 무엇을 기적으로 바랄 것인지 대신 어떤 걸 기적으로 볼 것이냐. 이 질문에 대한 답이 인생에 기적을 만든다.

첫 번째 책이 출간되었을 때 꿈을 꿨다. 엄청나게 꿨다. 대통령도 나오고 유명 배우도 나오고, 돌고래도 수천 마리가 나왔다. 나는 자꾸만 기적을 꿈꾸게 되었다. 한 10만 부 팔리려나. 종합 베스트셀러에 오래 머물려나. 이러다 TV에도 나오고 엄청 유명해지는 건 아닐까. 오, 제발 대박 나게 해주세요. 꿈은 희망을 자꾸 부추겼고, 나는 계속 기도했다. 그러나 책은 적당히 팔렸고, 적당히 알려졌고, 적당한 시간이 흐른 뒤 잊혀졌다. 그럴 거면 왜 그런 꿈을 꾸게 한 거냐며 원망할 대상도 없었지만 원망했다. 그러나 과연 그 기적이 나에게 필요한 기적이었을까?

그즈음 시기에 한순간에 스타가 되었다가 나락으로 떨어진 인물을 보게 되었다. 갑자기 생긴 인기에 기고만장해진 탓일까. 갑질 논란에 그는 잠시 세상의 주인공이었다가 별안간 세상에서 잊혀졌다. 세상은 변해도 너무 변해서 기적이 일어날 기회도 자주 찾아온다. 알고리즘의 은혜로 자격 없는 사람이 유명세를 얻는 경우는 허다하다. 하지만 뿌리는 탄탄히 다져진 땅에 내려야 한다. 대충 꽂았다가는 금방 뽑혀 나가기 마련이다. 운과 시기가 맞물려 갑자기 얻은 인기는 주제를 잊게 만들고 고개를 뻣뻣이 세우게 한다. 그렇게 뻣뻣하다 결국 고꾸라지게 한다.

고작 책 한 권에 운명적으로 유명인사가 되길 기도한 나는 유명인이 SNS에 내 책을 소개해주거나, 방송을 타거나, 아무

튼 기적적인 요행을 바랐다. 그러나 그건 진짜가 아니어서 나를 시건방진 사람으로 만들었다가 나락에 보냈을 수도, 아니면 반복되지 않는 성공에 더 좌절하게 만들 수도 있었을 테다.

어떤 기적은 일어나지 않아 다행이다. 어떤 기적은 절망의 시작을 열기도 하므로. 나의 소원이 언제나 최선은 아니기에 그저 그런 오늘도 괜찮다. 이런 마음을 깨달은 것, 그 자체가 나에게 찾아온 진짜 기적이다.

정월 대보름, 크고 둥근 달에게 빌어본다. 바랄 수 없는 것을 바라지 않는 용기와 성숙한 마음을 달라고. 그래도 아직 포기하지 못한 한 마디가 있긴 하다. 달아, 여섯 번째 책이니까 이번에는 기적을 기대해봐도 되지 않을까? 역시 기적을 바라는 마음은 포기가 어렵다.

인생의 고지서를 받으면

매년 명절을 앞두고, 고향에 가는 사람들의 티켓팅 전쟁이 시작된다. 만사가 태평한 나는 이 시기에도 될 대로 되라, 하며 미룬다. 바로 전날이 되어서야 코레일 앱에 접속한다. 새로고침 몇 번에 빈자리가 나타난다. 몇 번을 더 하니 더 좋은 자리도 나타난다. 어쩐지 재밌다. 시도할수록 더 나은 자리를 얻는 재밌는 놀이. 나는 티켓팅 새로고침에 빠져 시간을 탕진한다.

모든 유기체는 시도에 보상이 따르면 그 행동을 반복하게 되어 있다. 행동주의 심리학자 스키너는 아주 오래전 실험을 통해 이 원리를 증명했다. **스키너 상자**skinner box라 불리는 장치가 개발되었고, 이 상자 안에는 전구, 먹이 구멍, 지렛대, 전기 그릴 등 다양한 설치물이 있었다. 스키너는 배가 고픈 동물들을 상자에 가두고 관찰했다. 동물들은 이런저런 시도를 하다가 깨달았다. 지렛대를 누르면 먹이가 쏟아지는구나! 그때부터 동물들은 지렛대를 마구마구 누르기 시작했다. 스키너는 이처럼 보상을 기대하고 행동을 반복하는 것을 **강화**reinforcement라 불렀다.[57]

지렛대를 누르면 먹이를 주고, 앞발을 내밀면 간식을 준다. 이것이 반복되면 동물들은 지렛대를 계속 누르고 앞발을 내민다. 동물을 조련하는 방법은 이토록 단순하다. 원하는 걸 주면 행동을 한다. 그런데 인간도 동물이어서, 이런 시도에 왕왕 놀아난다. 식당은 리뷰 서비스를 주고, 옷가게는 세일 상품을 진열하고, 우리는 이득에 눈이 멀어 지갑을 연다. 기자와 유튜버는 원색적인 제목으로 흥분이라는 보상을 주고 우리는 자극에 눈이 멀어 클릭으로 반응한다. 보상은 행동을 강화하고, 강화가 강력해지면 중독이 된다. 흥미로운 자극을 제공하는 스마트폰에 중독되고, 자극을 주는 음식에 중독되고, 성취감과 엔도르핀 때문에 운동에 중독된다. 레벨을 올릴 때마다 느껴지는 짜릿함에 게임에 중독되고, 진통제나 알코올, 마약에도 중독된다.

보상이 예상할 수 없는 주기로 나올 때 중독은 더 강력해진다. 매달 찍히는 월급 때문에 회사에 중독되는 일은 없다. 하지만 프리랜서는 쉽게 일에 중독된다. 수익이라는 보상이 언제

올지 알 수 없기 때문이다. SNS 중독도 마찬가지다. 예기치 못한 순간에 터지는 반응은 애가 닳게 해 종일 SNS에 접속해 반응이 어떤가 확인하도록 만든다. 도박 중독자는 우연히 얻어 걸린 잭팟의 쾌감을 잊지 못하고, 복권 중독자는 이쯤 되면 당첨될 때도 됐다며 기대를 놓지 못한다. 세상에 많은 강화가 중독처럼 나쁜 방향으로 우리를 이끈다.

중독의 원인은 쾌감이다. 따라서 건강한 방식으로 쾌감을 얻는 대체 활동을 찾는 게 중요하다. 우리 뇌에 있는 보상 회로의 도파민은 달고 맵고 짠 음식이나 카페인, 게임, 성행위, 쇼핑을 통해 방출된다. 다른 방식으로도 도파민을 방출할 수 있다면 대체가 가능한데, 바로 성취가 이 역할을 한다.

마음이 건강한 사람은 성취로 쾌감을 느끼고 성장한다. 살아가는 순간이 즐거움과 동시에 생산적인 일까지 해낸다. 당신에게는 짜릿함을 느껴본 성취감이 있는지, 한번 그 답을 찾아보자. 사소하지만 하기 싫은 일을 해냈을 때 스스로에게 느끼는 뿌듯함부터 굉장한 결과물을 낸 특별한 사건까지. 성취감을 주는 일은 생각보다 많다.

그런데 어떤 나쁜 행동은 보상이 아닌 **처벌**punishment의 부재 때문에 중독된다. 처벌은 어떤 행동 이후 바람직하지 않은 결과를 마주해, 그 행동을 멈추게 되는 것이다. 처벌이 마땅한 상황에서 처벌을 받지 않는 것은 그 어떤 것보다 큰 보상이 된다. 웹툰 기반 드라마 〈살인자 o난감〉의 주인공 이탕은 우발적으로 살인을 저지른다. 처음에는 실수였다. 그러나 범죄는 운 좋게 은폐된다. 범행도구를 들고 나가는 순간 벌레가 CCTV를 가린다. 범행 현장을 지나친 사람은 시각장애인이라 목격자가 되지 못한다. 여러 번의 우연은 그를 처벌로부터 지켜준다. 결국 이 경험은 탕에게 보상이 되고, 살인을 반복하게 부추긴다. 점차 자신이 영웅이라 믿고, 나쁜 사람은 죽여도 괜찮다며 연쇄살인마가 되게 한다.

연쇄살인마가 될 일은 없겠지만, 마땅한 벌이 따르지 않아 문제가 되는 경우는 많다. 새로고침 티켓팅에 중독된 신고은은 어떨까? 계획을 미루다 보면 크게 한 번 데이게 되어 정신을 번쩍 차리게 되어 있다. 그런 경험으로 우리는 보다 성실한 어른으로 성장한다. 그러나 운 좋게도 대비하지 않고 술술 풀리는 여정에 나는 게으름뱅이가 되기 시작했다. 명절뿐만 아니라 모든 이동 때마다 준비를 미루고 임박하게 표를 끊었다. 그러다 일생일대 중요한 일정에 표가 구해지지 않아 참석을 못 할 뻔했다. 내내 얼마나 가슴을 졸였는지, 겨우 탄 입석 기차에서 마음속으로 빌며 다시는 안 그러겠다고, 누구도 듣지 못하지만 사죄했다. 그날의 충격 덕분에 이제는 그런 나쁜 습관에서 벗어났다.

늦잠 자고도 큰 문제가 없던 학생은 지각이 일상이 되고, 카드값을 늦게 내고도 어떻게든 해결이 되면 연체가 습관이 된다. 교통 법규를 위반하고도 여러 번 단속에서 벗어나면 과속이 우스워진다. 변명쟁이는 능숙한 거짓말쟁이가 되고, 바늘도둑은 소도둑이 된다. 그러나 아주 작은 순간에, 적절한 처벌을 받는다면 더 큰 재앙으로 가는 걸 막을 수 있다.

한동안 나는 마라탕에 중독되어 살았다. 일주일에 네 번은 마라탕을 시키고 일부러 많이 시켜 두 끼씩 먹었다. 그 맵고 아찔한 맛이 얼마나 짜릿한지 눈만 감으면 떠올랐다. 그러다 몸에 큰일 난다고 잔소리도 들었지만, 귓등으로도 안 들었다. 그러던 어느 날 나는 고열로 응급실에 실려 가게 된다. 원인은 신장결석이 요관을 막아 생긴 신우신염과 수신증이었다. 한 달간 입원하고 등을 뚫어 신장에 직접 소변줄을 꼽고 어느 정도 회복이 된 후 수술을 했다. 다시는 떠올리기 싫은 끔찍한 경험이었다. 퇴원할 때 나는 의사 선생님께 물었다. 결석의 원인은 무엇인가요? 의사 선생님은 되물었다. 혹시 맵고 짠 음식을 자주 드시나요?

인생의 영수증은 정확하다. 살아가는 만큼 값을 치르게 되어 있다. 당장 아무 일 없는 듯 보여도 처벌은 쌓이고 쌓여서 한번은 우리를 친다.

나쁜 행동이 나의 주인이 되기 전에 안전한 수준의 처벌이 필요하다. 스스로 내리는 처벌도 가능하다. SNS를 과도하게 사용한 날 저녁을 굶기로 정하거나, 배달 음식을 다섯 번 이상 시키면 하루는 스마트폰 사용을 금지한다. 강한 의지가 필요하지만 더 나은 나를 위해 필요한 처벌이다. 스스로 주는 게 어려울 땐 사회의 도움을 받을 수도 있다. 한동안 유행했던 거지방을 떠올려보자. 돈을 아끼는 목적으로 모인 사람들이 서로의 소비 내역을 공유하는 단체채팅방이었다. 그들은 생존에 필수인 소비 외에 모든 소비를 가볍게 비난하며 서로의 절제를 격려했다. 덕분에 과소비에 중독된 사람들이 습관을 유쾌하게 고칠 수 있었다.

보상은 달고 처벌은 쓰다. 하지만 인생에는 보상과 처벌 사이에 균형이 필요하다. 어떤 보상은 나를 죽이고, 어떤 처벌은 나를 살리기 때문이다. 아무 일도 일어나지 않는다고 기뻐 말자. 인생의 고지서는 늦게라도 온다. 늦으면 늦을수록 이자도 많이 붙는다. 정산 날이 다가온다. 정신 바짝 차리자.

불안과 손잡고 살아가는 법

한 해에는 두 번의 시작이 주어진다. 1월과 3월. 1월은 공짜로 받는 선물같이 설렌다. 알아서 인생을 새로 시작해주는 느낌이라 용기가 생긴다. 반면 3월은 어쩐지 의무감과 부담감으로 다가온다. 새 학기가 되고 새로운 업무가 편성되고 모든 일을 새롭게 도전하는 시기, 변화에 적응이 필요한 시기라 마음에 긴장감이 감돈다. 그래서인지 3월을 앞두면, 유독 불안하고 두렵다.

불안과 두려움. 이 감정은 비슷해 보이나 실상 다른 성격을 띠고 있다. 불안은 모호하다. 불안은 예측할 수 없는 먼 미래에 대한 걱정과 실체가 없는 대상에게 느끼는 감정이다. 예를 들어 발표 불안이라는 말이 있다. 발표 불안에는 실체가 없다. 어떤 일이 벌어질지 예측할 수도 없다. 그런데 어쩐지 예기치 못한 일이 생길 것만 같은 모호한 걱정에 발표를 꺼리게 된다.

반대로 두려움(공포)은 실체가 있는 위협으로부터 피해를 받을 것 같을 때 느끼는 감정이다. 이를테면 운전 중 눈이 너무 많이 와서 불안할 때, 한밤중 뒤에서 누군가 따라오는 느낌이 들 때, 너무 깊은 물에 들어가야 할 때 우리는 분명한 대상에 대해 공포감을 느낀다. 만약 한밤중에 자려고 누웠는데 오싹한 기분이 들고 왠지 모르게 싸하다. 이건 불안이다. 그런데 장롱에서 부스럭 소리가 났다. 이제 느끼는 감정은 두려움이다. 대상이 명확하냐, 그렇지 않으냐가 두 감정을 구분한다.

불안과 두려움은 끊임없이 겪게 되는 감정으로 삶에 깊숙이 뿌리내리고 있다. 그러나 본질적으로 달라서 대처나 극복 방법도 다르다. 두려움과 공포는 대상이 명백하므로 이를 피하거나, 대상을 더는 두려워하지 않게 심리치료를 받음으로써 해결할 수 있다. 반면 불안은 실체가 없는 대상에게 느끼는 감정이어서 해결이 어렵다. 미래에 대한 불안, 낯선 장소에 가야 할 때의 불안, 새로운 사람을 사귀어야 할 때의 불안 등 명확히 무엇이 불안한지조차 모른다. 그래서 우리의 과제는 불안 깊숙이 숨겨진 두려움의 본질을 찾아내는 것이다.

앞에서 얘기한 발표 불안은 어쩐지 내일 발표를 망칠지도 모른다는 막연한 느낌에서 온다. 그럴 땐 막연함을 구체화할 수 있다. 발표 상황에서 마주할 나쁜 상황은 무엇이 있을까? 갑자기 까먹어서 말문이 막히거나 발표 자료가 열리지 않아 시작조차 하지 못한다거나 손이 떨려서 사람들이 비웃을 수도 있다. 이제 겁이 나는 상황이 구체적으로 보이기 때문에 노력으로 해결할 수 있다. 까먹지 않겠다는 확신이 들 때까지 열 번이고 스무 번이고 연습하고, 발표 자료는 다양한 버전으로 USB와 이메일에 첨부하면 된다. 시간이 허락한다면 조금 일찍 발표장에 도착해 확인해볼 수도 있다. 손이 떨리면 강단에 손을 얹거나 자연스럽게 손을 주머니에 걸치는 자세를 연습해 보는 것도 좋다. 불안을 구체화하면 해결 방법을 찾을 수 있다.

그런데 어떤 불안은 해결이 어렵다. 비합리적 신념이다. 인지행동치료CBT, Cognitive Behavioral Therapy의 대표적인 심리학자 앨버트 엘리스는 몇 가지 비합리적 신념이 심리적 문제를 일으킨다고 주장했는데, 대표적인 신념은 이와 같다.

나는 반드시 완벽하게 잘해야 한다.
나는 반드시 모든 일에 성공해야 한다.
나는 반드시 완벽하게 해내야 한다.
모든 타인은 나를 좋아해야 한다.
모든 타인은 나를 존중해야 한다.

세상은 반드시 내가 원하는 대로 돌아가야 한다.

예상대로 일이 돌아가지 않으면 인생은 비극으로 끝난다.

머리로는 틀렸다는 것을 알면서도, 은근히 내면에 자리 잡힌 생각이다. 이런 신념을 바꾸지 않는다면, 불안에 사로잡히고, 살고, 우울해진다. 따라서 신념을 바르게 바로잡아야 한다. 비합리적 신념을 바꾸는 인지행동치료의 대표적 기법은 AB-CDE 기법이 있는데, ABCDE는 아래 단계의 약자다.

A (Activating Event, 선행 사건): 감정을 유발한 사건 또는 상황
B (Belief, 신념): 사건을 해석하는 방식, 즉 우리의 신념
C (Consequence, 결과): 신념으로 인해 생기는 감정과 행동
D (Disputation, 반박): 비합리적 신념에 대한 논리적 반박
E (Effect, 효과): 대안적 신념으로 변화된 감정

처음으로 큰 프로젝트를 맞게 되었다. 나에게는 완벽하게 잘하고 싶다는, 이름만 들으면 다 아는 유명 심리학자만큼 능숙하게 진행하고 싶다는, 아니 그래야 한다는 비합리적 신념이 있었다. 그런 마음이 강할수록 긴장이 심해지고 새로운 도전이 부담되었다. 부담이 커질수록 준비는 삐그덕거리고, 실

수를 연발했다. 결국 평소 실력보다 부족한 모습으로 첫 번째 진행을 마쳤다. 좌절 그 자체였다. 프로젝트를 망친 건 잘못된 신념이 만든 불안으로 인한 실수였다. 이럴 땐 어떻게 마음가짐을 고쳐먹을 수 있을까? ABCDE 기법으로 분석해보니 내 실수를 바라보는 시각이 변화했다.

    A (선행 사건): 큰 프로젝트 기회가 찾아왔다.
    B (신념): 노련한 경력자처럼 완벽하게 잘해야 한다.
    C (결과): 긴장, 실수. 무능한 자신을 비하하기 시작했다.
    D (반박): 처음부터 잘하는 게 기적이다. 모든 사람에게 미숙했던
            처음이 있고, 그 경험을 통해 성장했을 것이다.
    E (효과): 부족함을 모니터링하고 개선점을 고민하니 성취감도
            생기고 성장했다.

새로운 시작을 앞두고 있을 때는 예상되는 일이 아무것도 없다. 어쩔 수 없이 불안과 손을 잡게 된다. 그러나 그 불안은 야속하게도 손을 놓고 대신 발목을 잡는다. 불안은 예상치도 못한 최악의 결과를 종종 가져온다. 이때 차라리 생각을 달리해볼 수 있다. 새로운 시작은 예측할 수 없기에 불안하지만, 그래서 더 흥미롭다.

버지니아 대학의 실험을 살펴보자. 참가자들에게 가벼운 과제를 주고 연구 참여 대가로 고급 초콜릿이나 머그잔을 받게 했다. 첫 번째 그룹은 둘 중 무엇을 받을지 알았고, 두 번째 그룹은 두 가지 모두 받았고, 마지막 그룹은 둘 중 하나를 받지만 무엇을 받을지 알 수 없었다. 선물을 기다리면서 참가자들의 기대감을 확인했다. 그 결과, 어떤 선물을 받을지 모르는 사람들이 가장 기대로 행복해했다.[58] 두 개를 받은 사람보다 더 말이다.

우리는 왜 랜덤박스를 살까? 어떤 물건이 들어 있을지 모른다는 긴장감이 기대로 변하면서 기쁨이 되기 때문이다. 랜덤박스를 사놓고 뱀이 튀어나올까 두려워하는 사람은 없다. 예상치 못하는 일을 기다리는 것은 불안을 불러일으킬 수도, 더 큰 기대를 가져올 수도 있다.

나도 랜덤박스를 사본 적이 있다. 다양한 스타일의 옷이 무작위로 들어있는 랜덤박스였는데 포장을 풀고 크게 실망했다. 비싼 가격에 비해 마음에 드는 옷이 하나도 없었다. 나이에 어울리지 않는 스타일의 옷이었다. 나는 돈을 버렸다며 짜증을 내고 옷을 장롱 어딘가에 처박아놨다. 그러던 어느 날 갑작스럽게 중요한 발표 일정이 잡혔다. 단정하고 성숙한 옷이 필요했다. 그때 갑자기 처박아두었던 그 옷이 떠올랐다. 그 옷은 생각보다 잘 어울렸고 상황에 아주 적절했다.

    인생은 랜덤박스 같다. 어떤 일이 찾아올지 알 수 없다. 막상 까보면 형편없거나 내가 원하지 않는 일일 수 있다. 그러나 실망할 필요가 없는 것은 그렇게 찾아온 경험이 갑자기 필요한 자원이 될 수도 있기 때문이다. 우리 인생에 선물이 아닌 경험은 아무것도 없다. 예상치 못한 일은 좋으면 좋은 대로 좋고, 나빠도 나쁜 대로 나를 자라게 한다.

    3월이 코앞이다. 새로운 시작이다. 시작을 기다리며 우리는 불안할지 모른다. 하지만 내일은 거대한 랜덤박스 같은 것. 설령 기대와 다른 게 나올지 모르지만 선물 받기를 망설이기보다는, 호기심 가득한 마음으로 포장을 뜯어보자. 어쩌면 인생이 당신에게 꼭 맞는 선물을 준비했을지도 모르니까.

2월의 마음사전

랜덤 박스
random box

물건을 무작위로 뽑는 것으로,
어떤 물건이 들어 있을지 모른다는 긴장감과 기대가 생긴다.
막상 열어보면 원하지 않는 것이 나올 수도 있지만
그 물건이 언제 도움이 될지 알 수 없는 법,
실망할 필요는 없다.

2월의 할일

내가 가장 바라는 것을 적어보기

내가 가장 두려워하는 것을 적어보기

나가는 말

시간은 언제나 우리 편이다

　나이가 두 자리도 채 못 되었을 무렵의 어느 날이었다. 친구의 사소한 말 한마디에 마음이 꼬였다. 표정이 일그러지고 예쁘지 않은 말이 튀어 나갔다. 친구 역시 지지 않겠다는 듯 얄궂게 나를 대했다. 결국 우리는 팽하고 등을 돌려 각자 집으로 향했다.

　가슴이 갑갑했다. 이불을 뒤집어쓰고 여러 번 한숨을 내뱉었다. 내일 학교에 갈 생각을 하니 막막했다. 눈을 꼭 감고 간절히 기도를 올렸다. 시간이 느리게 가도록 해주세요. 내일이 오는 게 싫어요. 그러다 나는 급박하게 두 손으로 입을 틀어막았다. 그리고 기도를 번복했다. 오오, 안 돼요. 취소할게요! 그냥 빨리 지나가게 해주세요. 지금 느려진 시간이 내일 빨라질 리 없다. 학교에서의 시간이 길어지는 건 더 싫었다.

까무룩 잠이 들었는지 눈을 떠보니 아침이었다. 학교를 향하는 발걸음이 무거웠다. 멀리 뒤에 오는 친구가 보였다. 나는 걸음걸이를 재촉했다. 친구는 나보다 속도를 냈다. 도망가는 나와 따라잡는 친구. 금세 잡혔다. 친구는 어깨를 툭 쳤다. 나는 울먹이며 같이 친구 어깨를 툭 쳤다. 친구는 더 세게 내 어깨를 툭 쳤다. 어깨에 걸쳐 있던 가방이 바닥으로 떨어졌다. 그 안에 친구와 나눠 가진 우정 인형이 데구르르 굴러 나왔다. 그 상황이 웃겨서 갑자기 웃음이 터졌다. 우리는 언제 다퉜냐는 듯 손을 잡고 정문을 향했다. 두 꼬마의 발걸음은 가벼웠다. 아주 어린 날이었지만 나는 배웠다. 시간은 모든 것을 해결해주지 않지만, 시간이 흐르지 않으면 아무것도 해결되지 않는다는 것을.

다가오는 순간을 막고 싶을 때가 있다. 인생의 재생 속도를 느리게 바꾼다면 고달픔에서 벗어날 수 있을까? 아니, 오히려 더 오래 고단할 것이다. 치과 치료가 무섭다고 예약을 미룬들 앓던 이가 안 아픈 건 아닌 것처럼 말이다. 진짜 괴로움은 괴로운 순간 안에 있을 때보다 그 순간을 기다리며 두려워할 때 찾아온다. 막상 마주치면 별것도 아니고 피식 웃음 짓게 될 일인데 말이다.

일 년을 시작하기 전 나는 시간을 담대히 맞이하기로 결심했다. 겁내지 않고 오늘과 똑바로 눈 마주치겠다고. 그렇게 주어진 질문에 답을 찾아내고 문제들을 하나하나 극복하겠다고. 나는 다짐을 잘 지켜왔을까?

지난 열두 달을 돌아본다. 그동안 써 내려간 글도 훑어본다. 얼마나 많은 지혜가 나를 키웠을까? 비웠던 옷장은 다른 옷들로 채워졌고, 매일 산책하겠다는 다짐은 추워진 날 이후로 잊혀진 지 오래, 나는 여전히 도와달라는 말을 꺼내기보다 혼자 하는 게 편한 사람이고, 흰머리를 온전히 받아들이기 어려워 염색을 고민한다. SNS를 들락날락하며 나보다 잘 나가는 사람을 부러워하고, 반복되는 일상에 권태감을 느끼고, 바른 자세는커녕 지금도 꾸부정한 자세로 이 글을 쓰고 있다. 일 년 동안 나는 완벽하게 성장하지 못했다.

그러나 또 한편으로 나는 일희일비를 두려워하지 않는 사람이 되었고, 나만의 희소한 매력을 찾아가려 애쓰고 있다. 휴식의 중요성을 잊지 않아 주말에는 꼭 열 시간 이상 잠을 자고, 화를 내되 화에 지지 않는 사람이 되었다. 꾸준히 글을 쓰며 마음을 관리하고, 이별을 수용하고, 꿈을 이루기 위해 한걸음 나아가고 있다.

열두 달이라는 시간은 한 사람의 인생을 송두리째 바꾸지 못한다. 하지만 열두 달은 반복된다. 그리고 또 반복된다. 그동안 구석구석 변화는 일어난다. 올해 변화하지 못한 구석은 내년에 또 변화하고, 계속 조금씩 나아질 것이다. 그러면 언젠가 변화된 구석이 여전한 구석보다 더 큰 비중을 차지하게 될 것이다. 우리가 멈추지 않는 한 시간은 멈추지 않는다. 시간은 언제나 우리 편이다.

올겨울은 유난히 눈이 많이 왔다. 앙상한 가지 위로 눈이 소복이 쌓인 모습을 자주 보았다. 그러나 그 모습을 보고 나무가 추울까 봐 안타까워하지도, 죽을까 봐 걱정하지도 않았다. 나무는 이 계절을 잘 견디고 새싹을 틔울 거니까.

우리는 이 나무처럼 일 년을 살아낼 것이다. 싹이 트고 잎이 무성해지고 열매가 맺히고, 낙엽이 지고 눈이 쌓일 것이다. 그리고 그 모든 순간이 겹겹이 쌓여, 다시 싹을 틔우고 한 뼘 더 자랄 것이다. 시간은 언제나 우리 편이다. 시간은 기다려주지 않지만, 우리를 두고 가지도 않는다. 우리가 앞으로 나아가도록 돕고, 결국 원하는 곳으로 데려다줄 것이다.

날이 포근해졌다. 거짓말처럼 나무에 초록의 싹이 고개를 빼꼼 내밀기 시작했다. 역시 그럴 줄 알았다. 이제, 우리 차례다. 우리가 싹을 틔울 차례다.

주

1 Kahneman, D., Knetsch, J. L., & Thaler, R. H. (1990). Experimental tests of the endowment effect and the Coase theorem. Journal of political Economy, 98(6), 1325-1348.

2 Isaac, M. S., & Vinoo, P. (2023). Bracing for the sting of disposal: Product purgatories encourage mental simulation of the disposal process. Journal of consumer psychology. 33(3), 575-582.

3 Kruglanski, A. W., & Webster, D. M. (1996).Motivated closing of the mind: "Seizing" and "freezing."Psychological Review, 103(2), 263-283.

4 藤澤 伸介。(2004)。女子が恋愛過程で遭遇する蛙化現象。日本心理学会第 68 回大会発表論文集。p.1095。日本心理学会。.

5 Samuelson, W., & Zeckhauser, R. (1988). Status Quo Bias in Decision Making. Journal of Risk and Uncertainty, 1(1), 7-59.

6 DePaulo, B. M., Kashy, D. A., Kirkendol, S. E., Wyer, M. M., & Epstein, J. A. (1996). Lying in everyday life. Journal of personality and social psychology, 70(5), 979.

7 Ekman, P. (2001). Telling lies: Clues to deceit in the marketplace, politics and marriage. New York: W. W. Norton.

8 Schnider, A. (2003). Spontaneous confabulation and the adaptation of thought to ongoing reality. Nature Reviews Neuroscience, 4(8), 662-671.

9 McCornack, S. A., & Levine, T. R. (1990). When lies are uncovered: Emotional and relational outcomes of discovered

deception. Communication Monographs, 57, 119–138

10 Wiseman, R. J. (2016). The luck factor. Audible Studios on Brilliance.

11 Worchel, S., Lee, J., & Adewole, A. (1975). Effects of supply and demand on ratings of object value. Journal of personality and social psychology, 32(5), 906.

12 Luft, J., & Ingham, H. (1955). The Johari window, a graphic model of interpersonal awareness. Proceedings of the western training laboratory in group development, 246.

13 Grey, J. A., & McNaughton, N. (1982). The neuropsychology of anxiety. An enquiry into the functions of the septo-hippocampal system. Oxford Psychology Series. Oxford University Press.

14 Carver, C. S., & White, T. L. (1994). Behavioral inhibition, behavioral activation, and affective responses to impending reward and punishment: the BIS/BAS scales. Journal of personality and social psychology, 67(2), 319.

15 Oppezzo, M., & Schwartz, D. L. (2014). Give your ideas some legs: The positive effect of walking on creative thinking. Journal of Experimental Psychology: Learning, Memory, and Cognition, 40(4), 1142–1152.

16 Raichle, M. E., MacLeod, A. M., Snyder, A. Z., Powers, W. J., Gusnard, D. A., & Shulman, G. L. (2001). A default mode of brain function. Proceedings of the national academy of sciences, 98(2), 676-682.

17 Bratman, G. N., et al. (2015). "Nature experience reduces rumination and subgenual prefrontal cortex activation." Proceedings of the National Academy of Sciences, 112(28), 8567–8572.

18 Bowen, M. (1966). The use of family theory in clinical practice.

Comprehensive psychiatry, 7(5), 345–374.

19 Boszormenyi-Nagy, I. (2014). Invisible loyalties. Routledge.

20 Holmes, T. H., & Rahe, R. H. (1967). The social readjustment rating scale. Journal of psychosomatic research.

21 Anderson, C. A., Anderson, K. B., Dorr, N., DeNeve, K. M., & Flanagan, M. (2000). Temperature and aggression. In Advances in experimental social psychology (Vol. 32, pp. 63–133). Academic Press.

22 Geier, A. B., Rozin, P., & Doros, G. (2006). Unit bias: A new heuristic that helps explain the effect of portion size on food intake. Psychological Science, 17(6), 521–525.

23 Harris, R. B. (1990). Role of set point theory in regulation of body weight. The FASEB Journal, 4(15), 3310–3318.

24 Tedeschi, R. G., & Calhoun, L. G. (1996). The Posttraumatic Growth Inventory: Measuring the positive legacy of trauma. Journal of traumatic stress, 9, 455–471.

25 Watson, J. B., & Rayner, R. (1920). Conditioned emotional reactions. Journal of experimental psychology, 3(1), 1.

26 Tversky, A., & Kahneman, D. (1974). Judgment under Uncertainty: Heuristics and Biases: Biases in judgments reveal some heuristics of thinking under uncertainty. science, 185(4157), 1124–1131.

27 Wilson, K., Hayes, S., & Strosahl, K. (2003). Acceptance and commitment therapy: an experiential approach to behavior change. New York: Guilford press.

Ciarrochi, J., Bilich, L., & Godsell, C. (2010). Psychological flexibility as a mechanism of change in acceptance and commitment therapy. Assessing mindfulness and acceptance processes in clients: Illuminating the theory and practice of change, 2010, 51-75.

28 Nadler, A. (2012). Relationship, esteem, and achievement perspectives on autonomous and dependent help seeking. In Strategic Help Seeking (pp. 61-93). Routledge.

29 Cloninger, C. R., Przybeck, T. R., Svrakic, D. M., & Wetzel, R. D. (1994). The Temperament and Character Inventory (TCI): A guide to its development and use.

30 김연정. (2023). 빅데이터를 활용한 코로나 우울에 관한 연구. 한국보건사회연구, 43(2), 29-47.

31 Lakoff, G., & Johnson, M. (2020). Conceptual metaphor in everyday language. In Shaping entrepreneurship research (pp. 475-504). Routledge.

32 Dutton, D. G., & Aron, A. P. (1974). Some evidence for heightened sexual attraction under conditions of high anxiety. Journal of personality and social psychology, 30(4), 510.

33 Rosenthal, N. E., Sack, D. A., Gillin, J. C., Lewy, A. J., Goodwin, F. K., Davenport, Y., ... & Wehr, T. A. (1984). Seasonal affective disorder: a description of the syndrome and preliminary findings with light therapy. Archives of general psychiatry, 41(1), 72-80.

34 Schachter, S., & Singer, J. (1962). Cognitive, social, and physiological determinants of emotional state. Psychological review, 69(5), 379.

35 Charles Rycroft, A Critical Dictionary of Psychoanalysis (London, 2nd Edn, 1995)

36 Pennebaker, J. W., & Beall, S. K. (1986). Confronting a traumatic event: toward an understanding of inhibition and disease. Journal of abnormal psychology, 95(3), 274.

37 Slaney, R. B., Rice, K. G., & Ashby, J. S. (2002). A programmatic approach to measuring perfectionism: The Almost Perfect Scales.

38 Berto, R. (2005). Exposure to restorative environments helps restore attentional capacity. Journal of Environmental Psychology, 25(3), 249-259.

39 Kaplan, S. (1995). The restorative benefits of nature: Toward an integrative framework. Journal of environmental psychology, 15(3), 169-182.

40 『몰입』, 미하이 칙센트미하이 지음, 최인수 옮김, 한울림, 2004년

41 Kaya, N., & Epps, H. H. (2004). Relationship between color and emotion: a study of college students. College Student Journal, 38(3), 396-405.

42 Levy, B. R., Slade, M. D., Kunkel, S. R., & Kasl, S. V. (2002). Longevity increased by positive self-perceptions of aging. Journal of personality and social psychology, 83(2), 261.

43 『의미 수업』, 데이비드 케슬러 지음, 박여진 옮김, 한국경제신문, 2020년

44 Deci, E. L., & Ryan, R. M. (2013). Intrinsic motivation and self-determination in human behavior. Springer Science & Business Media.

45 Asch, S.E. (1951). Effects of group pressure on the modification and distortion of judgments. In H. Guetzkow (Ed.), Groups, leadership and men(pp. 177-190). Pittsburgh, PA:Carnegie Press.

46 Milgram, S. (1963). Behavioral study of obedience. The Journal of abnormal and social psychology, 67(4), 371.

47 Festinger, L. (1957). Social comparison theory. Selective Exposure Theory, 16(401), 3.

48 Higgins, E. T. (1987). Self-discrepancy: a theory relating self and

affect. Psychological review, 94(3), 319.

49 Zeigarnik, B. (1938). On finished and unfinished tasks.

50 Dai, H., Milkman, K. L., & Riis, J. (2014). The fresh start effect: Temporal landmarks motivate aspirational behavior. Management Science, 60(10), 2563-2582.

51 Seligman, M. E. (1972). Learned helplessness. Annual review of medicine, 23(1), 407-412.

52 Dunn, E. W., Biesanz, J. C., Human, L. J., & Finn, S. (2007). Misunderstanding the affective consequences of everyday social interactions: The hidden benefits of putting one's best face forward. Journal of personality and social psychology, 92(6), 990.

53 Baumeister, R. F., & Vohs, K. D. (2007). Self...Regulation, ego depletion, and motivation. Social and personality psychology compass, 1(1), 115-128.

54 Kim, E., Cho, S. E., Na, K. S., Jung, H. Y., Lee, K. J., Cho, S. J., & Han, D. G. (2019). Blue Monday is real for suicide: a case-control study of 188,601 suicides. Suicide and Life...Threatening Behavior, 49(2), 393-400.

55 Redelmeier, D. A., & Kahneman, D. (1996). Patients' memories of painful medical treatments: Real-time and retrospective evaluations of two minimally invasive procedures. pain, 66(1), 3-8.

56 Langer, E. J. (1975). The illusion of control. Journal of personality and social psychology, 32(2), 311.

57 Skinner, B. F. (1948). 'Superstition'in the pigeon. Journal of experimental psychology, 38(2), 168.

58 Kurtz, J. L., Wilson, T. D., & Gilbert, D. T. (2007). Quantity versus

uncertainty: When winning one prize is better than winning two. Journal of Experimental Social Psychology, 43(6), 979–985.